LOTTA ELSTAD

Mittwoch also

LOTTA ELSTAD

Mittwoch also

ROMAN

Aus dem Norwegischen
von Karoline Hippe

KIEPENHEUER
& WITSCH

MEINE SACHEN SIND immer noch auf Abwegen, irgendwo in Griechenland. Auf dem Weg zum Arzt rufe ich beim Internationalen Flughafen in Athen an und erkundige mich nach meinem Rollkoffer. »Der liegt bestimmt in irgendeinem Fundbüro«, vermute ich, »obwohl ich mir natürlich nicht sicher bin, schließlich hat niemand auf meine Mails geantwortet«, aber den Kollegen am Telefon schert das herzlich wenig. Auf mein Gejammer »Ich will mein Leben zurück!« raunt er mich an, das gesamte Flughafenpersonal befinde sich im Streik, seit die Industrie an eine deutsche Firma verkauft worden sei.

»Dein *Leben*?«, fügt er knurrig und in holprigem Englisch hinzu, »wir wollen unser *Land* zurück!«, und legt auf.

Ich verfluche ihn. Verfluche ihn auf meinem Weg vorbei an Cafés, in denen Fahrräder an der Decke hängen. Verfluche die Schlange, die bis raus auf die Straße reicht (auf Insta hat jemand gepostet, dass hier heute ofenfrische Donuts verkauft werden), verfluche die Leute, die anstehen und über Pop-ups und Start-ups und Kick-offs reden und mit ihren Anfang zwanzig nicht wissen, wie es sich anfühlt, im Park zu grillen, sich oben ohne zu sonnen oder zusammen mit Kika in einer Bar zu hocken und eine zu rauchen. Das Ende einer Ära.

Oslo 2016: Alles, was ich früher gern gemacht habe, ist heute entweder unmöglich, moralisch verwerflich oder gesetzeswidrig. Inzwischen erntet man vorwurfsvolle Blicke. Inzwischen habe ich sogar schon mit dem Rauchen aufgehört – eine Investition in meinen Körper, wie es die Leute vom Gesundheitswesen im Wirtschaftsslang ausdrücken würden, und im Auftrag meines Körpers (denn den will ich auch zurückhaben) setze ich mich also ins Sprechzimmer des Arztes. Wo ich ein weiteres Mal an eine vergangene Epoche erinnert werde. An die guten alten Zeiten, in denen man in der Praxis anrief, noch am selben Tag einen Termin für einen Schwangerschaftsabbruch bekam, und der behandelnde Arzt definitiv älter war als man selbst.

Jetzt sitzt auf der anderen Seite des Schreibtischs ein Mann – oder wohl eher ein Bubi, höchstens 30, vor Selbstbewusstsein nur so strotzend, wie es eben in der Natur eines Typen im Arztkittel liegt. »Nennen Sie mich Ole-Morten«, sagt er.

Ich habe keine Lust, meinen Arzt Ole-Morten zu nennen.

Ole-Morten klingt nach einem hyperaktiven Fünftklässler, der früher in den 90ern im Hauswirtschaftsunterricht wie ein Irrer durch die Gegend rannte, an der Tür der Spülmaschine ruckelte, bis sie umkippte und ihn unter sich begrub.

Ole-Morten klingt wie ein mittelmäßiger Schüler vom Wirtschaftsgymnasium, der auf einer Party den Regierungsbericht auspackt und die Abschaffung des Sozialstaates als einziges Mittel sieht, um der demografischen Entwicklung entgegenzuwirken.

Ole-Morten klingt wie der Typ, der findet, unsere Regierungschefin habe in irgendeiner Fernsehdebatte allerhand Vernünftiges von sich gegeben.

In die Hände dieses Menschen möchte ich mein Schicksal nicht legen. Aber was bleibt mir anderes übrig. Ich nicke und antworte halbwegs gehaltvoll auf seine Fragen.

Erster Tag der letzten Regelblutung?

Symptome?

Definitiv, ich muss immerzu pinkeln und meine Titten sind gigantisch – und nachdem er ausgerechnet hat, dass ich wohl im ersten Monat bin, beschreibt er, was jetzt alles auf mich zukommt. Alle sechs Wochen eine Untersuchung, Ultraschall in der achten und »bringen Sie zur nächsten Untersuchung eine Urinprobe mit«.

Ich unterbreche ihn.

»Vielen Dank, aber ich bin eigentlich hier, um kurzen Prozess zu machen.«

Ole-Morten sieht mich an, lächelt, fährt sich mit den Fingern durch seine mittelblonde Frise, und irgendwie kann ich seine Reaktion nicht ganz einordnen – ist er auf ziemlich unbeholfene Art besorgt? Fast schon paternalistisch? Einfach nur selbstgefällig? Oder gar ein fundamentalistischer Christ im neutralen Schafspelz des Gesundheitswesens? Jedenfalls klärt er mich darüber auf, dass es den kurzen Prozess nicht mehr gibt. Der kurze Prozess wurde letztes Jahr abgeschafft.

Keine Ahnung, wo ich da war. Vielleicht habe ich da gerade über meiner Umsatzsteuer geschwitzt, oder auf Lukas' Matratze, vielleicht steckte ich mitten in einem »Game of Thrones«-Marathon, jedenfalls habe ich nicht mitbekommen, dass unsere Regierung uns hinter verschlossenen Türen verraten und verkauft hat – bei einem Kuhhandel mit dem einen Prozent gläubiger Christen in diesem Land.

Jetzt gilt die Drei-Tages-Regel, erzählt Ole-Morten, und ich schaue ihn ungläubig an: Drei Tage?

Drei Tage, er nickt.

»Viele Frauen bereuen, dass sie ... dass sie ... ja, wie soll ich sagen?«

»... abgetrieben haben?«, schlage ich vor.

»Genau. Man gibt ihnen jetzt also die Möglichkeit, noch mal sehr gründlich über ihren Entschluss nachzudenken.«

Er öffnet eine Schublade. Legt mir eine Broschüre vor die Nase (»*Eine schwere Entscheidung*«), und ich denke: Aber ich tue doch seit Tagen nichts anderes, als sehr gründlich nachzudenken, und räuspere mich und frage, wann ich denn einen Termin bekommen könnte.

Er zwinkert mir zu und erklärt, es hieße ja nicht ohne Grund Drei-Tage-Regel, »wenn Sie also dabei bleiben und nach drei Tagen immer noch ...«

»... abtreiben ...«

»... wollen, dann bin ich der Letzte, der Sie davon abhält.«

Wie großzügig von ihm.

»Also, ich soll jetzt nach Hause gehen und nachdenken?«

Er empfiehlt mir nachzudenken, ja. Und dann könnten wir uns nächste Woche Mittwoch wiedersehen.

Mittwoch? Ich rechne nach. »Aber heute ist doch Donnerstag?«

Ich setze ihn davon in Kenntnis, dass meine drei Tage also schon am Montag vorbei seien, und ob er wohl so freundlich wäre, mich in seinen Terminplan einzuschieben, das wäre ganz hervorragend.

Er meint, Montag sei erst der zweite Tag.

Ich protestiere.

Aber *heute* zähle gar nicht mit, erklärt er mir. Man solle drei *ganze* Tage nachdenken. Das bedeutet, morgen, also Freitag, wäre erst Tag 1 – »und was ist mit Samstag und Sonntag?«, hake ich nach.

»Drei Werktage«, präzisiert er.

»Wie bei der Post?«, frage ich ihn, aber er ist zu jung, er weiß nicht mehr, was die Post ist.

»Wochenenden werden nicht mitgerechnet«, wiederholt er nur.

Ole-Morten zupft seinen Kittel zurecht. Er nimmt die Drei-Tage-Regel, die, wie sich herausstellt, aus sechs Tagen besteht, sehr ernst, und kommt nicht mit den üblichen Sprüchen, die Ärzte sonst auf Lager haben: »Beschweren Sie sich bei der zuständigen Behörde.«

»Wählen Sie beim nächsten Mal eine andere Partei« (woraufhin ich jedes Mal antworte: »*Ich wähle immer eine andere Partei!*«).

Nein, Ole-Morten fragt mich stattdessen, wie alt ich bin. »33«, antworte ich und habe ihn im Verdacht, bei der Zahl an Jesus zu denken, aber er kontert nicht mit einer biblischen Anspielung. Stattdessen sagt er: »Darüber sollten Sie vielleicht auch nachdenken. Ihr Alter.«

ICH DENKE: Sind das etwa die ersten Anzeichen der autoritären Wende? Wie auch immer, wir leben hier schließlich nach wie vor in der freien Marktwirtschaft, nicht zuletzt im Zeitalter der Globalisierung, und das bedeutet, ich *brauche* Ole-Morten überhaupt nicht. Er ist ein überflüssiges Bindeglied im Arztkittel. Ja, ehe man sich's versieht, wird ein Roboter seinen Job übernehmen. Wenn ich will, kann ich meine Symptome in irgendeinem Forum in ein Kommentarfeld eingeben, das Internet spuckt wenige Sekunden später die Diagnose *schwanger* aus und ich kann die Pillen zum Dumpingpreis (für norwegische Verhältnisse) direkt beim Produzenten in Indien bestellen – und das alles noch heute. Ich weiß sogar, welche Pillen ich brauche. Das ist schließlich kein Geheimnis: eine Tablette Mifepriston und vier Tabletten Misoprostol, ich weiß sogar, wie man die anwendet, ich weiß, dass ich sie allein zu Hause einnehmen kann, in meiner heruntergekommen Einzimmerwohnung in der Hollendergata, einem ausgebauten Dachboden, den ich für 7500 Kronen im Monat (kalt) von Radovan miete; denn die Anleitung habe ich längst auf digitalen feministischen Flyern gelesen: Erst schluckt man die eine Pille, die den Embryo abtötet, um es mal frei heraus zu sagen, und dann, 24 Stunden später, schiebt man die anderen vier gleichzeitig unter die Zunge und lässt sie dort für eine halbe Stunde, bevor man den ganzen Schleim herunterschluckt, wartet, und den Bastard in einem Flush ausblutet.

»MITTWOCH ALSO?«, sage ich.

Ole-Morten sieht mich mitfühlend an und wiederholt, ich wolle meine »Entscheidung sicherlich gut überdenken. Das müssen wir doch alle«, und ich widerstehe der Versuchung, ihm ein sarkastisches »*Wir?*« zu entgegnen, aus Angst, er könnte mir drei weitere Tage zum Nachdenken aufbrummen, zusätzlich zu den sechs, die er mir ohnehin schon verordnet hat. Stattdessen lasse ich mir einen Termin für Mittwoch, 14:15 Uhr geben. Dann gibt er mir noch die Empfehlung mit auf den Weg, Ingwer gegen die Übelkeit zu essen, und nein, er könne mir leider kein Truxal verschreiben, nicht in meinem Zustand. Mit einem Lächeln und einem beherrschten »Nein, danke« lehne ich die Broschüre ab, verlasse das Behandlungszimmer und bezahle am Empfang für die Behandlung (200 Kronen).

Ich verlasse das Wartezimmer mit seinem klebrigen Fußboden und denke: Ich weigere mich nachzudenken, ich denke ganz bestimmt nicht nach.

Auf dem Weg über den Olav-Ryes-Platz, vorbei an dem Roma, der eine zähe und schrammelige Version von *When the Marimba Starts to Play* auf dem Saxofon spielt, denke ich: Hör auf nachzudenken.

An der nächsten Straßenecke bleibe ich vor einem Laden stehen, in dem kaputte Smartphone-Displays repariert werden, schicke eine Nachricht an Lukas (»Können wir uns treffen und reden? Nichts Schlimmes.«) und bereue es in derselben Sekunde. Bereue es vorbei an Hinterhof-Boxclubs mit Trainern namens Hector, bereue es über im Asphalt platt getretene Kaugummis hinweg, bereue vorbei an *Sonjas Obst- und Tabakladen*, vorbei an der Hehlerware, die auf dem Bürgersteig vor dem kleinen Antiquariat steht, neben geparkten Autos, aus denen Bhangra dröhnt. Die Sonne geht auf über den Baubaracken und wespenähnlichen Baggern im Osten der Stadt, wandert über den Bullenpark, über dem dichter Rauch aufsteigt, und ich denke an Lukas, der mal gesagt hat: *Krise* kommt aus dem Griechischen und bedeutet *Entschluss*.

Ich rufe Kika an.

Sie hat noch nie etwas von der Drei-Tage-Regel gehört.

»Hast du einen Braten in der Röhre?«, fragt sie. (Ich wusste nicht, dass man diesen Ausdruck noch benutzt.)

»Quatsch«, sage ich, »ich recherchier nur für 'nen Artikel«, woraufhin sie mir von einem Typen erzählt, den sie vor ein paar Jahren getroffen hat, er gehörte dem gnostischen, »nein, nicht dem *a*gnostischen«, Glauben an, einer vorkirchlichen Sekte, die eine Abtreibung als das moralisch einzig Richtige ansieht.

Ihre Anhänger glauben, eine Schwangerschaft sei der Diebstahl von Gottes Licht. Man raubt sich einfach ein Stück Ewigkeit. Saugt den Heiligen Geist aus dem Himmelreich heraus und verformt ihn auf der Erde zu fester Materie und wenn *eines* eine Sünde sei – so Kika – dann ja wohl das (auch wenn sie ganz meiner Meinung ist: dass diese Sekte es trotz ihrer Haltung geschafft hat, sich, nachdem sie beim Ersten Konzil von Nicäa im Jahre 325 aus der Geschichte herausgeschrieben worden war, neu zu formieren und auch noch zu überleben, muss einen schon stutzig machen). Aber bevor wir diesen Gedanken vertiefen, vergewissert sie sich noch einmal:

»Du bist also ganz sicher nicht schwanger? Wer ist der Vater? Dieser lächerliche Typ?«

»Kika«, beruhige ich sie, »ich bin nicht schwanger.«

»Okay, hab mir nur kurz Sorgen gemacht, dass du mich jetzt auch noch im Stich lässt, aber wie auch immer, dann erwarte ich dich morgen Abend um zehn zu einem Pornshot Martini – meine Schicht ist um neun zu Ende.«

Sie legt auf. Inzwischen stehe ich vor dem graugrünen Altbau in der Hollendergata, jemand hat eine nicht ganz leere Flasche teures IPA auf einem Parkautomaten stehen lassen. Ich schließe das Tor zum Hof auf. Hoch in den vierten Stock. Nicht nachdenken. Rein in die Wohnung (die Radovan vor den Osloer Behörden geheim gehalten hat, um kein Bad einbauen zu müssen), und ich pfeffere meine Schlüssel auf die Kommode, und es ist Tag null und ich weigere mich nachzudenken. Ich weigere mich – doch das ist genauso aussichtslos wie der Versuch, nicht an einen rosa Elefanten zu denken. Und die nächste Stunde hat man damit zu tun, den rosa Elefanten aus dem Kopf zu kriegen. Ich weigere mich, ich denke ganz bestimmt nicht nach. Ich denke nicht an Sarajevo. Ich denke nicht ans Café am Kotti, ich denke nicht an Milo, nicht an die Kinderzeichnungen an der Decke, an die Slippery Nipple Drinks oder das wackelnde Wohnmobil in Berlin. Nein, ich schnappe mir mein Telefon, schließe die HBO-App, mache ein Update und google mich zu einer Homepage, die sich wohl an saudi-arabische oder salvadorianische Frauen richtet. Dort steht, ich solle Vitamin C in rauen Mengen zu mir nehmen. Eine Völlerei an Zitrusfrüchten. Und Zimt. Zimt hilft.

Zimt und Kaffee en masse. Ja, das wird mir helfen.

UNGEFÄHR EINEN MONAT ZUVOR

NEIN, ICH DENKE ganz bestimmt nicht an das letzte Mal, als ich neben Lukas aufgewacht bin. In seinem Bett. Neben seinem Radiowecker, der mich mit der Berichterstattung aus dem Schlaf riss, dass in der Ölbranche 75 000 Stellen gestrichen werden und die Regierung das Arbeitslosengeld kürzen wird.

Ich war wach, er schlief noch. Also widmete ich mich meinem üblichen Morgenritual, Kontostand checken (23409 Kronen), mich durch den Facebook-Feed scrollen und Mails lesen.

Eine Mail von meinem Redakteur. In den letzten paar Jahren hatte ich ihm wöchentlich meine kulturanalytischen Betrachtungen geliefert. In seiner Mail bat er mich, ihm die Rechnung für meinen letzten Artikel zu schicken (lächerliche 4000 Kronen) – mein Interview mit einer versoffenen Schriftstellerin, die mir ein Glas Wodka eingeschenkt und in Oxforddialekt erklärt hatte, wie sehr sie dramatische Dreiecksbeziehungen hasste. »Die einzige Funktion dieses *plot devices* ist Destruktion«, hatte sie gesagt, »als würde man mit dem Messer kämpfen. Man kommt nur selbst zu Schaden. Auch, wenn man gewinnt.«

In einem kleinen PS am Ende der Mail fügte mein Redakteur einen nicht gerade belanglosen Bescheid hinzu:

»Ich sollte wohl noch erwähnen, dass wir uns gestern bei einer Besprechung zum Thema Stellenkürzungen darüber einig geworden sind, dass das Budget für unsere freien Mitarbeiter als Erstes dran glauben muss, bevor wir Festangestellte entlassen«, und ich das bitte nicht persönlich nehmen solle. Ich musste mehrmals Luft holen, bevor ich mit »O.k., die Rechnung geht heute noch raus« antwortete. Dachte: ach, scheiß drauf. Was wollte ich eigentlich bei denen? Legte meinen Daumen zwischen meine Augenbrauen, massierte, kaute einen Nietnagel ab und regte mich über die nervige Radiostimme auf, die irgendeinen Wirtschaftsfuzzi zum Immobilienmarkt interviewte. Ich hatte keinen Bock mehr auf den Immobilienmarkt. Eigentlich hatte ich auch überhaupt keinen Bock mehr, hier rumzuliegen – wach, während er noch schlief –, aber das hatte ich sofort wieder vergessen, als er sich regte, erste Lebenszeichen zeigte. Er gähnte laut, streckte sich, bevor er sich zu mir umdrehte, mir einen Kuss auf die Schläfe drückte und ich ein Bein um ihn schlang. Meinen Kopf auf seinen Brustkorb legte und die Bettdecke langsam nach unten zog. Ich liebte seine Tätowierung, *Rebel* in Frakturschrift auf seinem Bauch.

ICH LIEBTE ES, wenn er so beleidigt tat, und spielerisch in meine Richtung boxte, als ich ihn fragte: »Hast du dir das stechen lassen, als du Sachbearbeiter im Familien- und Gleichstellungsministerium warst, oder was?« Wie er sich auf mich rollte, mich nach unten drückte und zuließ, dass ich mich aus seinem Griff herauskämpfte, bis ich wieder auf ihm saß, über ihm, und ihm als Revanche einmal über den Bauchnabel leckte. Ich versicherte ihm, dass er sich »selbst als Bürokrat« in meine Netzhaut eingebrannt hätte: mit einem hoffnungsvollen Blick Richtung Horizont, unterlegt mit den soliden Farben Rot, Beige und Blau, darunter der Schriftzug VERÄNDERUNG in Blockbuchstaben.

Er war göttlich, er war Mafia, und er lehnte sich über den Nachttisch, um eine Zigarette anzuzünden. Er reichte sie mir, ich griff nach ihr, doch er zog sie weg, wie ein sadistischer großer Bruder, und wahrscheinlich schlug ich ein bisschen zu fest zu, aber trotzdem durfte ich ein paarmal dran ziehen. In Ermangelung eines Aschenbechers hielt ich die Zigarette senkrecht und balancierte die Asche über der Bettdecke. Ich wollte ihn ergründen. Sein Gehirn, das nur für sieben Minuten, eine Zigarettenlänge, zur Ruhe kam. (Ansonsten konnte er nie abschalten. Nicht einmal, wenn wir Marvels *X-Men* mit einem Projektor an seine

Wand warfen: »Ist Magneto eine Metapher für Israel?« Auch nicht bei einer neuen Folge *House of Cards*: »Hat Claire Underwood etwas Hedda Gabler'sches?«) Auch in mir ruhte er nie. Sein Aftershave. Seine Bassstimme. Er toste in mir wie ein Sturm.

Und ich in ihm?

Tja, es war wohl das zweite Mal, das wir miteinander schliefen, als er sagte: Das ist das letzte Mal, dass wir das machen.

Was keinerlei Auswirkung auf meine Gefühle hatte.

Pheromone nennt man das, Oxytocin, sie lassen dich freier atmen, machen dich zehn Kilo leichter, und natürlich hatte ich keine Erklärung dafür. Vielleicht liebte ich es, ihm zuzuhören, sein Herumphilosophieren (ich zu Kika: »Alle Männer mansplainen, es kommt nur darauf an, *was* sie einem erzählen«), vielleicht lag es daran, dass wir unsere Vormittage gemeinsam im Bett verbrachten und stundenlang politische Debatten streamten, bei denen Julian Assange auf einem Videobildschirm aus der ecuadorianischen Botschaft zugeschaltet wurde. Weil er mich spontan raten ließ, welches wohl die beste Textzeile von OutKasts »Hey Ya!« sei (*What's cooler than being cool? Ice cold!*) oder weil er Gramsci zitierte – *Eine Krise besteht darin, dass das Alte stirbt und das Neue nicht geboren werden kann* –, und zwar mit derselben Leichtigkeit, mit der er Carries Liebesleben analysierte: Sie sollte Mr Big besser abschießen.

Vielleicht weil es hieß: Wir gegen die Nation. Wir waren uns so wunderbar einig darüber, dass die minutiöse Aufzeichnung der Hurtigruten-Reiseroute ebenso unerträglich ist, wie der Waschmaschine beim Schleudern zuzusehen.

Oder vielleicht war es seine Größe. Sein ungelenker, lässiger Körper, Blazer über T-Shirts mit Logos obskurer Bands, die mittelblonden Locken über den angegrauten Schläfen, die blaugrauen Augen, ein Blick, der nicht auswich, wenn er einen erst einmal fixierte. Oder sein Repertoire an Google-Bildern: Lukas mitten in einem Vortrag, mit Kopfmikrofon, Lukas in einem Sessel bei irgendeiner kultivierten Veranstaltung, Lukas mit allem Selbstbewusstsein dieser Welt, gestikulierende Hände, die jeden Standpunkt deutlich unterstreichen, eine »Russia Today«-Vignette am unteren rechten Bildrand. Er besaß mehr Taxfree-Beutel als Einkaufstüten vom Supermarkt um die Ecke, er wurde zu Vorträgen nach Frankfurt, Stockholm, Gent eingeladen – was ihn beschäftigte, waren die Krisen der Wirtschaft: die Relativitätstheorie und die Quantenmechanik und Thomas Kuhn und die Koexistenz zweier Paradigmen und die Revolution, die nie stattgefunden hatte, und er benutzte Ausdrücke wie *diskursive Anomie* und schrieb *hence* und *thus* und eine Unmenge an *however*s und ich fühlte mich geehrt, seine (mir völlig unverständliche) Abhandlung lesen zu dürfen, an diesem letzten Vormittag.

Dieser Moment war ein Durchbruch in unserer sieben Monate alten Beziehung. Dachte ich. Ich: eine Jenny Marx. Eine Vera Nabokov. Eine Alma Hitchcock.

Ich strich ihm mit meinem Fuß übers Bein, hatte mir die Zehennägel extra für diesen Anlass türkis lackieren lassen (400 Kronen), denn – ja, ich gebe es zu – ich musste mir einfach die Lippen anmalen, die Nägel lackieren, die Haare färben, damit ich neben ihm nicht zu einer grauen Maus verkam. Aber es half alles nichts.

Der Durchbruch?

Wie sich herausstellte, kam es zu einem ganz anderen Bruch.

»Es kommt mir einfach nicht fair vor«, sagte er.

Solche Wörter verwendete er auch. (Kika zu mir: »Männer sind wie Hunde – sie können riechen, wenn du Angst hast.«) Er habe in Frankfurt darüber nachgedacht und sei zu dem Schluss gekommen, dass es »das Beste« sei, und daraufhin begehrte ich ihn nur noch mehr. Als er mich fest an sich drückte, hauchte er mir leicht ins Ohr und sagte mit sanfter Stimme, ein weiteres Mal (ich habe aufgehört, mitzuzählen): *Das* ist wirklich das letzte Mal, das wir das hier machen.

UND NATÜRLICH HATTE er recht. Es musste einfach das letzte Mal sein, dass ich diese Worte hörte.

Also haute ich ab. Raus in den Flur, rein in die Pumps, ich bewahrte die Fassung und dachte: Liebe ist pure Gewalt.

(Gibt es eine bessere Beschreibung? Sie ballt die Faust, prügelt auf mich ein und ich rufe: Autsch! Was soll denn die Scheiße?) Die Treppe runter, durch den Hofeingang, hinaus auf die sonnenüberflutete Straße, und immer wieder drehte ich mich um: Wenn er mir jetzt nicht nachläuft, ist es vorbei.

Mein Handy wurde feucht und rutschte mir aus der Hand, fiel auf den Asphalt, ein schwarzer Fleck erschien an der oberen rechten Ecke des Displays.

Ich versuchte, den Fleck wegzureiben, als würde ein böser Geist in ihm wohnen: Wenn er jetzt nicht anruft, dann ist es real.

Wenn ich den Sofienbergpark durchquert habe – wo der Frühling ausgebrochen war und alles aussah wie eine Musicalinszenierung auf Acid, ja, wirklich, dort jonglierten sie, liefen auf diesen Slacklines hin und her, tanzten Salsa, hatten Stühle auf den Bürgersteig gestellt und ließen die Zeit einfach so verstreichen – ohne ein Zeichen der Reue von ihm, bedeutet es, dass er es dieses Mal wirklich so meint.

Ich bog in die Kirkegårdsgata ein. Über das Gras, auf die Baustelle zu, bis zu den geparkten Toyota Yaris', den klapprigen Volvos, und es war vorbei. Die Welt war plötzlich so weit weg, die Kopie einer Kopie einer Kopie und das Atmen fiel mir schwer. Scheiß Schmerz. Mein Brustkorb hätte jetzt einen Rohrreiniger gebraucht, dort saß ein Klumpen fest, der nur mit Chemikalien entfernt werden konnte, und die Mascara lief, beinahe wurde ich von einem Fahrradkurier in knallpinker Uniform über den Haufen gefahren, der mir »Fahrradweg!« erst entgegen-, dann hinterherschrie. An der Schous-Bibliothek konnte ich kaum noch etwas sehen. Meine Kontaktlinsen waren zugeklebt. Mir blieb nichts anderes übrig, ich musste beim Optiker im Markveien vorbei, ärgerte mich über den Namen *Brilleland*, der meine Trauer zu Scham werden ließ – Belag auf den Linsen, so banal, so ordinär, ich stolperte beinahe über die Türschwelle, zeigte auf meine Augen und versuchte, diesen Zustand als physiologischen Zufall zu verkaufen, und die Optikerin geleitete mich ins Hinterzimmer. Sie pulte mir die Linsen aus den Augen, gab mir ein Kleenex, sagte, ich sollte mal eine Pause machen, mir Zeit nehmen für eine Rekonvaleszenz, ja, sie benutzte wirklich dieses Wort, sie meinte wahrscheinlich meine Augen, aber in meinem Kopf tat sich sofort das Bild eines Schirmchendrinks an einem Strand auf.

In die Ewigkeit hineinstarren, aufs Meer hinaus und daran erinnert werden, dass alles vergänglich ist, dass alle Gefühle, auch diese hier, vergehen werden.

Ich tupfte mir die Tränen weg und zückte die EC-Karte für die »Optikerberatung«, wie auf dem Beleg stehen würde (519 Kronen), und machte mich halb blind auf den Nachhauseweg. Fand meine Brille (mit zu geringer Stärke) und meinen Pass und zog einen alten Rollkoffer unter dem Bett hervor. Ich musste weg. So wie es einem sämtliche Blogger empfehlen: Tapetenwechsel, andere Leute treffen, völliger Kontaktabbruch, also buchte ich eine Last Minute Pauschalreise nach Griechenland (»Krise für die einen, Gelegenheit für die anderen«) inklusive Flug, der mich am nächsten Morgen um sechs nach Athen bringen sollte. Von dort aus würde mich ein Boot zu einer windigen Insel verfrachten, und das Hotel hatte auffällig viele schlechte Kritiken auf TripAdvisor bekommen, aber das war mir egal. Ich nahm zwei Truxal, jeweils die normale Dosis von 30 Milligramm.

SECHS STUNDEN SPÄTER stand ich auf und dachte: Man muss gewappnet sein.

Ich zog die Gardinen auf und hüpfte unter die Dusche in meiner Küche.

Stellte den Tischspiegel auf die Arbeitsplatte, lehnte mich gegen sie und setzte neue Monatslinsen ein, föhnte mir die Haare, zupfte mir die Augenbrauen (musste niesen), cremte mir die Ellenbogen mit dem Clinique-Produkt aus der 50 Milliliterflasche ein, sprühte mir etwas Dior Poison auf die unteren Handflächen und rieb mir den Vanilleduft unter die Ohrläppchen. Für das Gesicht benutzte ich Max Factor Soft Beige Foundation, und zwar eine, wie ich gelesen hatte, angemessene Menge. Dann ein Touch Rouge, ein Hauch Mascara auf die Wimpernspitzen und ein fast durchsichtiger Lipgloss, sodass man kaum erkennen konnte, dass ich geschminkt war. Eine Kunst, die ich beherrschte. Einige würden das eitel nennen. Ich nenne es überleben. Denn die Dinge verschwimmen so schnell, ein Freelancer weiß das, ein Freelancer weiß, dass der Abgrund gefährlich nah ist, wie auch Kajsa Ekis Ekman einmal sagte: Wenn ich den ganzen Tag zu Hause in meiner Schlafanzughose herumlaufe, was kommt dann danach? Wahrscheinlich könnte ich dem Angebot einer Tafel gesalzener Mandelschokolade für 24 Kronen an der Kasse nicht widerstehen, ich würde meinen Arbeitstag mit Twitterdebatten beginnen und den Retweet von Kanye Wests Status mit sarkastischen Kommentaren versehen, und wenn ich schon mal dabei bin, kann ich auch gleich eine neue Folge *Keeping up with the Kardashians* gucken, natürlich nur mit einer ironischen Distanz, ist ja klar, aber eigentlich würden es meine neuen Freunde werden. Die ganze Kardashian-Familie. Die Schwestern, die ich selbst nie hatte. So was kann schnell passieren. Ich würde den Weg des geringsten Widerstands nehmen, der Arbeiterpartei beitreten und einen Wohnungsbaukredit mit rekordverdächtig niedrigen Zinsen aufnehmen. Nein, man muss sich wappnen. Man muss aufstehen, etwas anziehen, regelmäßig Sport treiben, was Ordentliches lesen, trotz Liebeskummer, und falls jemand aus genau diesem Grund auf die Idee kommt, und so was kommt immer wieder vor, mich mit dem klischeehaften Nice Girl Syndrome zu diagnostizieren, krempele ich mir einfach die Ärmel hoch und zeige die Unterseiten meiner Arme vor.

Sehe ich so aus, als hätte ich mich geritzt?

Siehst du irgendwelche Narben? Scheiß Sexist.

Verdammt noch mal, nur weil ich hohe Absätze trage, eine Haltung wie eine Ballerina habe, ein straffes Becken und einen langen Hals, muss ich mich von irgendwelchen dahergelaufenen Amateurpsychologen als zerbrechlich abstempeln lassen? Ich habe noch nie ein Messer in die Hand genommen, um mich selbst zu verletzen, weder längs noch quer, ich habe mir noch nie nach dem Essen den Finger in den Hals gesteckt, und ich kann eine große

Portion Spaghetti Bolognese essen, ohne mich danach tagelang selbst zu hassen. Tatsächlich genoss ich es sogar, endlich die 30 zu überschreiten und die ersten Fettpölsterchen zu entdecken, die sich über meine Jeans wölbten. Ich hatte Sex mit dem Ex, der mir früher mit seinem Geschwärme für meine schlanke Taille auf die Nerven ging, und ich weiß noch, wie ich dann triumphierend auf ihm saß: stolz und schadenfroh, als wäre der Speck meine Unabhängigkeitserklärung.

EIN FLUGHAFEN IST ein autoritärer Ort. Ein Hinweis auf das, was uns erwartet: Meine Zahnpasta wurde in der Sicherheitskontrolle beschlagnahmt und beim Boarden wurde ich zurückgehalten, weil ich eine Zeitung unter dem Arm trug.

»Nur ein Handgepäckstück.«

»Das ist eine *Zeitung*«, protestierte ich. Daraufhin untersuchten sie mein echtes Handgepäckstück, den schäbigen Rollkoffer. Einer von denen nahm ein Maßband, wog den Koffer und kam zu dem Schluss, dass »er leider nicht den Handgepäckbestimmungen entspricht«. 400 Kronen extra, um meinen Koffer mit dem anderen Gepäck aufzugeben, und ich hatte kaum Zeit, mir zu überlegen, was ich in meiner kleinen Handtasche mitnehmen wollte. Handy, Ladekabel, Mascara, Zahnbürste, Pass, Portemonnaie. Ich schmiss die Zeitung weg (in der über einen Bombenanschlag in Istanbul berichtet wurde) und durfte an Bord, und die Angst stieg mit jedem Kilometer, den wir uns vom Boden entfernten.

Ein brutal billiger Direktflug von Oslo nach Athen.

Überhaupt keine Strapaze also.

Das wollte man uns Passagieren jedenfalls weismachen.

Mit bemerkenswerter Routine informierte uns die Flugbegleiterin darüber, dass ein Allergiker an Bord sei und wir unter keinen Umständen auch nur ein Nusstütchen öffnen dürften. Aus diesem Grund würden auf diesem Linienflug also auch kaum Snacks verkauft werden, aber vielleicht könne man uns Blaubeermuffins anbieten? Oder Oliven? Und dann fuchtelte sie mit den Händen und sprach ganz unaufgeregt über die Notausgänge, vorne, hinten, an der Seite, folgen Sie der roten Linie nach draußen, ziehen Sie leicht an der Sauerstoffmaske (sie zog daran) und helfen Sie bloß nicht Ihrem Kind, bevor Sie sie selbst aufgesetzt haben. Ich gnatschte energisch auf meinem Kaugummi herum. Ein Trick gegen Druck auf den Ohren, dieser Kaugummi war ein Halm, an dem ich mich festklammerte, eine Erinnerung daran, dass ich noch lebte, während das Flugzeug mit einem metallischen Kreischen startete und ich meine Augen zukneifen und mich an den staubigen Armlehnen festkrallen musste: Alles ist vergänglich. Gerade noch drückst du auf der Flugzeugfernbedienung herum, um die unsynchronisierte Fassung von *Eat Pray Love* mit Julia Roberts zu sehen. Im nächsten Augenblick bist du Regenwurmfutter. Ich rief mir alle Tipps ins Gedächtnis. Konzentrier dich auf deinen Atem. Atme die Luft tief bis ins letzte Lungenbläschen ein. Halte den Kopf still, sende mit dem Blick ein Signal an dein Hirn, das die Bewegungen beschreibt und denk dran, was Kika gesagt hat: Ein Flugzeug fällt nicht einfach so vom Himmel, nein, der Luftdruck – oder irgendwie so – hält das Ding oben. Ich konnte mich erst wieder entspannen, als das Licht für die Sicherheitsgurte aufleuchtete und merkte dann auch, wie gereizt ich war. Ich ärgerte mich über die Preise der Bordmahlzeiten, dass man sich beim Personal nach dem Tagesgericht erkundigen sollte, obwohl alle wussten, dass es nur wieder dieses merkwürdige Vollkornsandwich mit Hühnchen und Mangocurry gab, und einen Nudelsalat mit drei Tomätchen, drei Rucolablättchen und Olivenöl in einer kleinen Plastiktüte, die man nicht aufreißen konnte, ohne sich zu bekleckern. Über meinen Sitznachbarn, der in voller Lautstärke und ohne Kopfhörer eine amerikanische Sitcom über eine WG mit schwächlichen Allergikern auf seinem iPad ansah, und über das Sirren, das die *This is your captain speaking*-Ansage (russischer Akzent) übertönte.

Ich blätterte in einem Airline-Magazin, das in seinem Editorial damit protzte, irgendwelche Preise abgeräumt zu haben. Blätterte vorbei an der Karte, auf der rote Pfeile die Ziele anzeigten, an die dieses gewerkschaftsfeindliche Unternehmen einen verfrachten konnte. Ich brauchte Ablenkung. Ich musste die lebensmüden Gedanken wegwischen – im einen Augenblick schweben wir durch einen Wolkenbausch, im nächsten liegen wir in den Ruinen dieses massiven Metallobjekts am Boden. Wir sind menschlicher Tabak. Wir sind der Stoff der Titelseiten sämtlicher Zeitungen dieser Welt: Flugzeugabsturz, keine Überlebenden. Ein Flugzeug ist über der Adria abgestürzt, die Unfallursache bis auf Weiteres unklar. Ein dubioser Billigflieger auf dem Weg von Oslo nach Athen ist heute Nachmittag abgestürzt, unter den Opfern war auch eine 33-jährige Frau mit Herzschmerz, die Letzte ihrer Art. Genau auf solche Gedanken sollte man nicht kommen. Deswegen gab es Chanel-Sonderangebote, Bilder gigantischer Tobleroneschokolade und doppelseitige Annoncen mit Tiger Woods in seiner Hole-in-One-Positur über dem Logo *Accenture*, der einem versicherte: *Anyone can be a Tiger*. Statt zu überlegen, ob das Flugzeug sich wie ein hustender Roboter anhört, sollte man sich fragen: Was verkauft eigentlich dieses *Accenture*? Tiger Woods? Verkaufen die einem Tiger Woods? Es war die Geheimsprache für Insider, für die mit Bonuspunkten, für die, die der Meinung sind, die Erde wäre geschrumpft, die Welt sei kleiner als je zuvor, obwohl wir die 7 500 000 000 längst überschritten haben.

Als ich klein war, waren wir nur sechs.

Das Titelthema war eine Reportage über Island. Über die Krise. Darüber, dass sie das Beste war, was der kulinarischen Szene der Insel passieren konnte. Die Isländer hatten sich auf ihre Wurzeln besonnen, sie backten nun wieder Brot, in dem sie den Teig unter einer warmen Quelle vergruben und ihn über Nacht dort gehen ließen, Touristen pilgerten nach Reykjavik, um von in Haiurin marinierten Haihoden zu naschen, ja, der Bankenkollaps ist das Beste, was Island passieren konnte, sagte irgendein Halldórson und endlich war ich abgelenkt, als es plötzlich in den Lautsprechern knackte.

Die Flugbegleiterin hatte eine Mitteilung.

Sie seufzte. Es knackte erneut.

Jemand hatte ein Nusstütchen mit an Bord gebracht und geöffnet.

Allein der *Geruch* sei ausreichend. Schon kleinste *Spuren* von Nüssen in der Luft können die Organe kollabieren lassen, die Blutzufuhr unterbrechen. Die Flugbegleiterin seufzte ein zweites Mal. Der Allergiker, der nun ohnmächtig im Mittelgang lag, bräuchte augenblickliche Hilfe, sagte sie. Wir müssten in Sarajevo notlanden.

FÜNF MINUTEN SPÄTER rasten wir an wolkenverhangenen Bergspitzen vorbei.

Gehorsam schnallten wir uns an. Uns wurde versichert, dass es sich hierbei nur um ein schnelles Manöver handelte, einen fixen Abstecher auf den Boden, dann schnell den Nussallergiker abwerfen und schon seien wir wieder in der Luft Richtung Athen.

Niemand war darauf vorbereitet, *wie* schnell es gehen sollte.

Denn diesmal war es nicht nur meine Angst.

Diesmal war es der Instinkt, das schmerzende Kribbeln in den Zehenspitzen, genauso hatte ich mir einen Flugzeugabsturz immer vorgestellt: vollkommen lautlos. Niemand sagte etwas. Niemand schrie. Wir taten alle so, als wäre es das Normalste von der Welt, niemand wollte eine Szene machen, zur Last fallen, die anderen mit Panik anstecken, man gestikuliert ein »Entschuldigung«, wenn man sich an einem Hühnchenknochen verschluckt, geht hinaus auf den Korridor und stirbt in aller Stille, ja, alle taten so, als würde der Schluckreflex uns schon noch retten, als wäre es Absicht, dass das Flugzeug seine Schnauze, nachdem wir den letzten Gipfel hinter uns gelassen hatten, senkrecht gen Boden neigte und wir plötzlich im rechten

Winkel auf die Erde zustürzten. Was war passiert? Ich sah aus dem Fenster, nein, der Flügel war nicht abgefallen, seine Klappen schlugen auf und ab und vibrierten so sehr, dass uns die Geschwindigkeit des Fliegers bewusst wurde, *wir fallen, fallen, fallen*, durch die Wolken, im 90-Grad-Winkel, festgeschnallt und eingesperrt und die nächsten Minuten kamen mir vor wie eine Stunde, wie ein Albtraum kurz vor dem Aufwachen. Bilder! Bilder flashten an mir vorbei. Meine Zahnpasta. Das Chanel-Angebot. Tiger Woods. Die Karte der Flugziele, all die Orte, an die ich niemals reisen werde, Lukas' Arm und Lukas' Laken und die Beamerwand, und das ist wirklich das letzte Mal, dass wir das hier machen, und alles, woran ich dachte, war: Wozu brauchen wir überhaupt Flugzeuge? Wollen wir uns nicht eigentlich vom Körper freimachen? Ich fiel vornüber, würde es nicht einmal mehr schaffen, mich zu übergeben. Würde überhaupt nichts mehr schaffen. Würde nie in Haiurin marinierte Haihoden naschen, niemals herausfinden, ob Halldórson recht hatte und ein Bankenkollaps wie ein Wunder für die Restaurantszene war; ich spannte meine Bauchmuskeln an und krallte mich mit den Füßen am Teppichboden fest, ballte die Fäuste, sodass meine Knöchel weiß hervortraten. Das war keine Turbulenz. Das war ein Flugzeug außer Kontrolle, der gewaltige Metallkorpus zog sich zusammen und presste sich an meine Schläfen, und mir wurde schlecht von dem Tempo und von meiner Angst, und ich wollte mich am liebsten flach auf den Boden legen, mich hier unten festkleben, die Kontrolle zurückgewinnen, dieser Scheißpilot, dieser Russe! Spinnt der denn total; ich wollte am liebsten losschreien, ihn beschimpfen, aber meine Rufe hätten das dröhnende Donnern gar nicht übertönen können, das schrille Scheppern, das wahnsinnige Wummern, das grelle Quietschen, das nach einem aufgehetzten Hund klang, dieses Stöhnen, durchdringend, und Gott gibt und Gott nimmt und es knallte und krachte und boomte und bangte, während wir kopfüber fielen, fielen, fielen – bis das Geräusch der ausfahrenden Metallräder zu uns durchdrang.

DIE SARAJEVO-METHODE

MEIN NAME IST Hedda Møller. Ich bin dreiunddreißig biblische Jahre alt. Mein Freund hat mich verlassen (eine »erotische Beziehung«), mein Job ist weg (ein mündlicher Vertrag) und soeben habe ich einen Flugzeugabsturz in Sarajevo überlebt.

Diese epische Stadt, die ich mir vom Fenster aus ansah. Es gab Grün, Berge mit schneebedeckten Gipfeln und Männer in Overalls und gigantischen Ohrenschützern, die mit irgendwelchen Schildern herumfuchtelten, und ein Krankenwagen stand dort, und ach krass, jetzt fällt mir Sarajevo wieder ein, Elvin, der in der Sechsten zu uns gekommen ist, aus der Integrationsklasse, und wir saßen im Hufeisen, wie man in der Schule sagt, und er erzählte uns davon, wie er im Zickzack durch Sarajevos Straßen lief. Die Flugbegleiterin sprach über die Lautsprecheranlage zu uns. Sie bat uns alle, ruhig sitzen zu bleiben, niemand solle aufstehen, bevor das Sanitätspersonal eingetroffen sei, und mein Sitznachbar holte wieder sein iPad hervor und schaute seine Serie über die schwächelnde Nerd-WG weiter, als wäre nichts passiert. Als würde er die rot-gelben Uniformen überhaupt nicht wahrnehmen, die den armen Nussallergiker auf einer Trage nach draußen verfrachteten. Als würde es ihn überhaupt nichts angehen, dass es in der Lautsprecheranlage erneut knackte.

Jetzt sprach der Kapitän zu uns. Der besoffene Russe. Er räusperte sich. Übernahm das Wort mit äußerster Demut. Er entschuldigte sich vielmals.

Es sei mit ihm durchgegangen. Er sei während des Krieges in Bosnien Pilot gewesen und habe das ein oder andere Mal auf diesem Flugplatz landen müssen, mitten in einem Tal, von drei Seiten mit Gebirge umgeben, was einen steilen Landeanflug auf die 2600 Meter lange Landebahn notwendig mache, und nicht zuletzt seien die hiesigen Wetterverhältnisse immer ein bisschen tricky. Während des Krieges habe man außerdem der Artillerie des Feindes ausweichen müssen, weswegen man also im Sturzflug gen Boden sauste, um den Flieger nur kurz über dem Asphalt wieder in die Gerade zu bringen, also, tja, das war wohl so eine Art Sturzflug, kann man wohl sagen, er nannte es *The Sarajevan Approach* und fügte hinzu, dass der Name irreführend sei, da diese Methode im Vietnamkrieg perfektioniert worden sei.

Und dann – und das brachte mich total von der Rolle – zitierte er das Gedicht aus der Eröffnungsszene des Getto-Films *Hass*: *Nicht das Fallen zählt, sondern wie du landest.*

Danach bedankte er sich, dass wir genau diese Billigairline für unsere Reise ausgewählt hatten. Ich dachte: Ab jetzt nur noch Bodenkontakt. Außerdem wünschte er uns noch eine angenehme Weiterreise. In zehn Minuten würden wir wieder abheben und schätzungsweise eine Stunde bis zum internationalen Flughafen von Athen brauchen. Trotzdem entschied ich mich, hier auszusteigen. Meine Hand zitterte. Sie zitterte, als ich den Sicherheitsgurt löste, als ich nachsah, ob in meiner Handtasche alles beisammen war, Handy, Ladekabel, Mascara, Zahnbürste, Pass, Portemonnaie, und die Flugbegleiterin versuchte, mich aufzuhalten. Sie sagte, der Koffer, den ich eingecheckt hatte, würde bis Athen weiterfliegen. Ich nuschelte auf Norwegisch: Was soll ich mit 'nem Koffer?

ICH FRAGTE BEI der Bank meinen Saldo ab: 17 980 Kronen.
Außerdem hatte ich noch einen 20-Euroschein in meinem Portemonnaie, den ich in Bosnische Mark umtauschte. Damit bezahlte ich das Taxi in die Innenstadt, wo ich in ein beliebiges Hotel an der Lateinerbrücke eincheckte.

Auf der Homepage des BBC informierte ich mich über die Unruhen in der Türkei und beim NRK erfuhr ich, dass das Auswärtige Amt Norwegern riet, sich gut zu überlegen, dieser Tage in diese Gegend zu reisen, und wie ein gehorsamer Skandinavier beschloss ich, auf sie zu hören, obwohl ich dieser Praxis des Auswärtigen Amtes (»Norwegern wird abgeraten«) nie besonders viel abgewinnen konnte. Als wäre die Welt da draußen für uns gefährlicher als für andere.

Alle Geschäfte waren geschlossen und so gut wie alles, was ich zum Leben brauchte – mein Laptop, Truxal, Dior Poison, meine Monatslinsen –, befand sich in einem eingecheckten Koffer auf dem Weg nach Athen, also musste ich Darko an der Rezeption um Zahnpasta bitten, der mir jedoch riet (»willst du jetzt schon schlafen gehen?«), ins Kriterion oder Kino Bosna oder The Balkanist zu gehen, wo Fotografien der alten jugoslawischen Fußballmannschaft aus den Siebzigern an den Wänden hingen, und ich ließ mich auf einen Kompromiss ein und trank einen Raki mit ihm und einem Mädchen aus Deutschland in bunt gesprenkelten Stoffhosen, die über die Rainbow-Bewegung sprach, zu der sie gehörte – keine Elektrizität, keine Zivilisation, dafür Bewusstseinszirkel und Engelwanderungen – und darüber, dass es keine Nationen gebe, nur die Menschheit, was Darko so unterschrieben hätte (»echt mal, wie können die Kroaten einem Machthaber vertrauen, der mit kyrillischen Buchstaben unterschreibt?«). Darko erzählte auch einen Witz: Slowenien tritt in die EU ein und alle finden das voll in Ordnung, doch dann kommt auch Kroatien dazu und Großbritannien will plötzlich austreten und dann tritt Serbien ein und Frankreich tritt aus, und als Bosnien Mitglied wird, tritt Deutschland aus und als dann noch Makedonien Mitglied der EU wird, treten alle anderen Länder aus und wir haben wieder das alte Jugoslawien.

Es blieb bei dem einen Raki.

Ich ging in mein Zimmer und streamte die letzte Staffel von *Game of Thrones* auf meinem Handy: Arya wird von einer Gruppe von Killern rekrutiert, doch zuerst muss sie ihre Identität aufgeben. Jedes Mal, wenn ihr Mentor sie nach ihrem Namen fragt, sagt sie nur »a girl has no name«, und ich schlief ein, wachte beim Abspann wieder auf und wurde schmerzlich daran erinnert, wie hilflos ich ohne meine Tabletten war, die in meiner Kulturtasche lagen, eingeklemmt zwischen Koffern, unten im Süden. Ich zählte Koffer. Sah sie vor mir, aufeinandergestapelt, ein Meer von Koffern, über die ich klettern musste, die ich anheben und aufreißen musste, wie ein Favelakind auf einer Müllhalde, und ich fragte mich: Vielleicht hätte ich protestieren sollen? Vielleicht hätte ich vor ihm in Tränen ausbrechen müssen, ihn anflehen, ihn mit Nachrichten bombardieren sollen – schlaf ich jetzt?

Bin ich eingeschlafen? Habe ich überhaupt geschlafen?

Ich schlief nicht ein, und es half auch nicht, mich durch meinen FB-Feed zu scrollen, wo ein Bekannter von mir Beckett zitierte (*Let's try again, fail again, fail better*). Auch den aufwühlenden Artikel über chinesische Arbeiter in Samsung-Fabriken, die sich aus der zwanzigsten Etage des Fabrikgebäudes stürzten, hätte ich nicht lesen sollen, und auch das Zika-Virus und *Feel the Bern* und die an der Grenze zwischen Makedonien und Griechenland eingesperrten Flüchtlinge hätte ich mir echt nicht antun müssen, denn ich konnte nicht einschlafen und ich hatte immer noch nicht geschlafen, als ich morgens um sieben aufstand, um den Bosna-Express (200 Kronen) nach Split zu nehmen, was wahrscheinlich die erste, aber nicht die beste Lösung war. Zunehmend verwirrt googelte ich mich mit dem langsamen 3G-Netz durch verschiedene Reiserouten. Alles, woran ich denken konnte, war: Ab mit dir an die Küste, nimm die Fähre nach Ancona und von da aus *direkt* nach Oslo, denn ich zog es vor, die Welt in Winkeln zu bereisen.

DER BUSFAHRER MIT der grauen Mähne hatte Beyoncés neuesten Hit im Radio laufen. Neben mir stotterte ein alter Mann auf Englisch: »In meiner langen Karriere als Diplomat habe ich eins gelernt: Wenn mehr als eine Person in eine Sache involviert ist, läuft nichts nach Plan.« Wir fuhren auf kurvigen Straßen durch eine berg- und talbahnartige Landschaft. Verfallene Steinhäuser, vorbei an dem Pärchen mit der Autopanne, der Mann lehnte über der Motorhaube, die Frau saß am Rand des Straßengrabens, vorbei an den rauchenden Männern unter einer Markise im verregneten Mostar. Der Regen sickerte in den Motor und wir mussten eine halbe Stunde auf Hilfe warten, bevor wir weiter Richtung Küste tuckerten, an die majestätischen Klippen, die maskulinen Steilhänge, nach Split, in die windige Stadt, wo sie *Kings-Landing*-Touren durch die Altstadt anboten und man im Warteraum an der Fähre nicht wusste, was schlimmer war: kettenrauchende Wartende, das Brummen des Kühlschranks hinterm Tresen oder die Bossa-Nova-Version von *Californication*, die aus den Lautsprechern säuselte.

In der Kabine auf der Fähre nach Ancona (1000 Kronen) streamte ich noch eine Folge *Game of Thrones*, mittendrin wurde ich von meinem Anbieter mit »Datenvolumen im Ausland« gestört: Diesen Monat habe ich schon 407 Kronen verbraucht und ich solle doch bitte eine SMS mit AUSLAND an die 1999 schicken, um das Datenvolumen zu erhöhen, was ich ohne Zögern tat, denn Aryas Todesliste war zu meiner Schlafmedizin geworden, zu den Schäfchen, die ich zähle – auch wenn der Schlaf nicht allzu tief war.

Denn am nächsten Morgen, als ich in den Spiegel der Kabinentoilette schaute, sah ich eine Comicfigur – dunkle Augenringe wie eine überreife Banane – und ich ging unter Deck, stürzte mich auf das Duty Free und schnappte mir billige Feuchtigkeitscremes und Shampoos und Spülungen und Foundations und Trägershirts und extra Unterwäsche und ein Kompaktset mit Hygieneartikeln (819 Kronen), um die Schlaflosigkeit, die sich in meinem Gesicht festgesetzt hatte, zu befeuchten und überschmieren. In Italien angekommen, wollte ich die restlichen Bosnischen Mark eintauschen, doch die Frau hinter dem Schalter schüttelte nur den Kopf und grinste süffisant ob dieser wertlosen Währung. Ich bestellte einen Americano (1,20 €) an der Bar im Anconaer Bahnhof, die nasale Stimme des Ticketautomaten warnte: *bew-a-a-re of pi-i-ck pocket,* und ich setzte Stecknadeln auf alle meine Zwischenstopps in Google Maps: Mailand, München, Berlin, Kopenhagen, Oslo.

Die Schlaflosigkeit betäubte mich. Ich bekam kaum etwas von dem mit, was um mich herum geschah, welches Land draußen an mir vorüberzog, das ging mich alles nichts an. Mailand: Die Shoppingmeilen gingen mich nichts an, die Domkirche, deren Stufen ich hinaufstolperte, ging mich nichts an, die Koreaner mit ihren Selfie-Sticks, die mich im Laufe meines kurzen Aufenthalts, bevor mein Nachtzug nach München ging, mehrmals überfallartig umringten, gingen mich nichts an, auch nicht die Alpen, die Tunnel, oder mein flackerndes Spiegelbild im Fenster gingen mich etwas an. München: Das Leben musste irgendwie weitergehen, deswegen ging ich am Bahnhof duschen, kaufte mir eine Falafel für vier Euro, eine Wasserflasche für zwei und stieg in den 14-Uhr-Zug. Ich übte mich in Mindfulness und versuchte, die Werbung zu analysieren, die an der Rückenlehne des Sitzes vor mir hing: Ein Mann mit einem Schirmchendrink auf einer Sonnenliege unter einem Sonnenschirm, darunter der Slogan *Torschlusspanik ist ein schlechter Ratgeber*.

Torschlusspanik, das Gefühl, das einen befällt, wenn man merkt, dass man der Abschusslinie gefährlich nah kommt, und die impulsiven, höchstwahrscheinlich idiotischen Entscheidungen, die man infolgedessen trifft. Für jedes Gefühl, ob konkret oder vage, hatte immer irgendeine Sprache eine Bezeichnung parat. Auf Papua-Neuguinea: *awumbuk*. Die Leere, die entsteht, nachdem ein nerviger Gast gegangen ist. Der französische Ausdruck *l'appel du vide*: der nicht-suizidale Drang, von der Straße abzukommen. Oder *depaysement*: In einem fremden Land Dinge zu tun, die der eigentlichen Persönlichkeit widersprechen. Ich notierte die Wörter auf den bosnischen Geldscheinen, in einer Ahnung, dass sie mir noch mal von Nutzen sein könnten, als Digressionen in einer kulturanalytischen Betrachtung (sollte ich so was je wieder zu Papier bringen) statt als Zahlungsmittel.

Ich erreichte den Hauptbahnhof.

Berlin: eine Stadt mit mehr als drei Millionen Einwohnern, Trillionen von veganen Rezepten, die auf Kichererbsenmehl, Kokos- und Rapsöl, Kürbis, Quinoa basieren, eine Stadt ohne jedes Klassenbewusstsein, und ich war nicht mehr ich selbst, als ich an diesem Abend gegen sechs dort auf dem Bahnsteig stand. Kaputt von endlosen Stunden in Bus, Bahn und Boot, von sporadischem Schlaf und der Trennung, die mir immer wieder von Neuem bewusst wurde. Mein Magen zog sich zusammen, als ich an das Geld dachte, das nach und nach von meinem Konto verschwand (14 251 Kronen), und was es wohl wieder kostete, mein Handydisplay reparieren zu lassen. Man hatte mich abgezockt und mir meine Identität geraubt. So fühlte ich mich, an diesem Abend am Hauptbahnhof.

Ich war: *a girl has no name.*

ALS *a girl has no name* lag ich im Schlafsaal zwischen Friedrichshain und Kreuzberg und das Leben war brutal wie Cholera. Wie die Sarajevo-Methode. Wie eine Landstraße mit platt gefahrenen Fröschen, die es nicht rechtzeitig über den Asphalt geschafft haben. Wie eine Zwangsehe mit einem nervtötenden Typen, der dich langsam, aber sicher mit seiner Persönlichkeit ansteckt.

Wie drei Backpacker aus Australien, die unter dir auf dem Fußboden sitzen und *Shithead* spielen.

Sie laberten und zählten alle Städte auf, in denen sie gewesen waren, und ich lehnte höflich ab, als sie mich zu einer Kneipentour einluden. Es war ganz offensichtlich eine Mitleidseinladung, denn mein Blick war leer und meine Körpersprache signalisierte mehr als deutlich, dass ich mit niemandem sprechen wollte. Sie deodorierten sich mit Axe (statt zu duschen), und plötzlich war ich allein.

Es wummerte von der Bar im Erdgeschoss.

Ich starrte an die Decke. Ließ den Tag Revue passieren und war einfach zu alt für diese Partyherberge mit dem Rezeptionisten Max, der Joints rauchte und mir *free walking tours* durch die Stadt anbot, in der ich gefühlt schon hundertmal gewesen bin. Nein, ich will keinen kostenlosen Willkommensdrink. Nein, ich will nicht, dass mir jemand die Sehenswürdigkeiten auf der Karte raussucht, ich bin nur hier, weil das Bett dreizehn Euro die Nacht kostet, und ich werde auch nur eine Nacht bleiben. Ich hatte für 25 Euro ein Busticket nach Kopenhagen gebucht, Abfahrt um zehn am nächsten Vormittag, und wieder spürte ich, dass mein Brustkorb einen Abflussreiniger bräuchte. Wenn es doch nur so einfach wäre. Wenn ich doch nur in meine Campers schlüpfen, zum nächsten Kaiser's laufen, das Gift kaufen und es mir mit dampfend heißem Wasser einflößen könnte, damit sich der Klumpen in meiner Brust auflöste und nicht mehr auf meine Lunge drückte.

Das Wummern von unten verstummte.

Es war also anscheinend nach zehn, dann war Zapfenstreich, so die Hausordnung, und es war zu früh, schlafen zu gehen (eine Gabe, die ich ohnehin verloren hatte) und zu spät, Kaffee zu trinken.

Ich musste etwas unternehmen. Hätte ich doch bloß meinen Laptop hier. Ich könnte ein paar schlaue Artikel lesen. Ja, wenn ich jetzt meinen Laptop hätte, würde ich ein paar schlaue Artikel lesen, ich würde schlaue Artikel schreiben, ein bisschen recherchieren, Ideen pitchen, Pressemeldungen von der letzten Berlinale lesen, die israelischen Exilkünstler der Stadt aufsuchen, mit ihnen über Ironie sprechen, über ihren Aufenthalt hier, jetzt, siebzig Jahre nach dem Krieg, auf der Flucht vor ihrem konstruierten Heimatland, denn was bedeutet eigentlich Heimat, wie dieser Mossad-Agent in diesem einen Spielberg-Film fragte, und ich hätte die wütenden Leserbriefe, dass ich ein so revisionistisches Werk zitierte, ausgehalten – diese Erfahrung würde mir später von Nutzen sein, für etwas Kreatives, sie wäre meine Daseinsberechtigung in dieser Welt und ich wäre gewappnet und von Scham getrieben und würde nach einem wilden und poetischen Leben streben.

Hätte ich meinen Laptop hier, wäre ich niemals auf die Idee gekommen, mein Handy zu zücken und ein Tinder-Konto anzulegen.

Ein Ballon aus Herzen schwebte über das Display.

L'appel du vide, wie der Franzose jetzt sagen würde. Oder eher *depaysement*?

Und so traf ich Milo.

MATCH

SO JEMANDEN WIE Milo habe ich noch nie zuvor getroffen.
Ich werde auch nie wieder so jemanden wie Milo treffen.
Ich hatte eigentlich gar nicht vor, ihn zu treffen an diesem Abend – ich hatte nicht vor, überhaupt irgendjemanden zu treffen. Ich wollte mich nur ablenken.
Eigentlich wollte ich in meinem Stockbett liegen bleiben und mich auf Tinder durch Bilder swipen, Männer mit nackten Oberkörpern, Männer auf Angelausflügen, Männer, die aussehen wie Versace-Models, Männer beim Saltomachen, Berlin-Hipster mit Hüten, die auf Sofas sitzen, die jemand auf den Bürgersteig gestellt hatte, Männer mit Bier, sehnsüchtig, mit ironischen Hawaiihemden getarnt. Männer, die sich auf ihren Fotos die Zähne putzen und Beethoven mögen. Männer, denen man in einer Stadt mit über drei Millionen Menschen und viel zu breiten Straßen und viel zu großen Entfernungen nur ungern nachts begegnen möchte.
Männer, die ich buchstäblich verwarf.
Es war keine Absicht, auf das kleine Herz am oberen rechten Rand des Handybildschirms zu drücken. Ich bin da so drangekommen. Hab das Herz oben in der Ecke nicht mal gesehen. Denn da war ja ein schwarzer Fleck. Die Narbe von dem Tag, als mir am Sofienbergpark alles aus den Händen geglitten war.

Milo war kein Hässlicher, wirklich nicht. Er war – wie soll man sagen – symmetrisch.

Hatte dunkelbraune Locken, markante Augenbrauen, die parallel zum Rahmen des Bildes verliefen, Gesichtshaar in angemessener Länge, einen Brustkorb in angemessener Breite; er war genauso alt wie ich und wir hatten folgende gemeinsame Interessen: Wikileaks, Stromae und Park Chan-wook. Berufsstatus: prekär. Zitat: *Ich habe keine Angst.*

Und es plingte. Wir waren ein Match.

Ich zog mir die Decke über den Kopf. Ich wollte nichts davon wissen. Ich wollte nicht auf mein Handy sehen, und als es noch mal plingte – dieses Mal war es das Plingen einer neuen Nachricht – loggte ich mich aus der App aus. Ich löschte sie. Ging stattdessen zu Facebook und klickte auf einen hysterischen *Remain*-Artikel, den ein Bekannter aus Großbritannien gepostet hatte – *boohoo: my country is falling apart* – doch ich schaffte es nicht einmal, den ersten Satz zu lesen, als ich eine Freundschaftsanfrage bekam. Milo hatte mich gefunden, in diesem Misthaufen von einem sozialen Medium. Ich verfluchte Algorithmen und Überwachungssynergien, und in einem spastischen Reflex nahm ich seine Freundschaftsanfrage an. Wir waren Freunde. Und es vergingen keine paar Sekunden, bevor er auch schon eifrig auf Messenger loslegte: »Du bist verschwunden!« Er war furchtlos. »Wer bist du? Und was für ein Name ist das? Spricht man das H aus? Bist du eine Wikingerin? Wo bist du jetzt? Wie lange bleibst du? Nur bis morgen? Wollen wir uns treffen? Ich bin auch in Kreuzberg!«

Ich legte mein Handy neben mir auf die Ablage. Dort lag es, als leide es unter krampfartigen Zuckungen.

»Hallo?« »Wo bist du denn jetzt wieder hin?« »Bist du noch da?«

Dann wurde es still.

Mein Blick fiel auf die *Shithead*-Reste der Australier, die über den Boden verstreut waren, doch es fiel mir schwer zu fokussieren. Das war das Ergebnis meines Schlafmangels, alles wurde trüb, ich musste meine Augen feucht blinzeln. Ich sollte mich untersuchen lassen, wie viel das wohl kosten würde, vielleicht eine kognitive Therapie, Muster aufbrechen, die Spur wechseln, Kreise auf ein Blatt zeichnen, oder doch Hypnose? Vielleicht war es gar nicht so dumm gewesen, was die Psychologin am Fridtjof Nansens Platz gesagt hatte, die Psychologin, bei der ich vor ein paar Jahren gewesen war, die dort in einem grünen Ohrensessel gesessen und Tee getrunken hatte, ein großes Kissen auf dem Schoß, den Notizblock obendrauf, gar nicht so dumm, diese Psychologin, die gemeint hatte, es sei an der Zeit, der Kapitän auf meinem eigenen Schiff zu werden. (Ich weiß noch, wie ich erst nach zwanzig Minuten den Käfig neben dem Sofa entdeckte, in dem ein Hund saß, der hier und da zustimmend kläffte.) Ja, Hypnose vielleicht? Ich brauchte eine Art Trance, vielleicht auch einen Joint, könnte ja mal Max fragen, ob er was übrig hat – ich hielt das Handy vor mir hoch und ließ es hin und her pendeln.

Dann plingte es noch einmal: »Okay, ich geb dir noch eine Chance ...«

Milo wollte mich treffen. Na, was soll's.

WAS HATTE ICH schon zu verlieren? Meinen Schlaf? Den hatte ich längst verloren. Es fühlte sich an, als hätte ich eine Wüstenlandschaft hinter meinen Augen. Ich war ein Wrack (und um ehrlich zu sein, bin ich es immer noch), das brauchte niemand zu wissen, zumindest kein fremder Typ, den man unterwegs in Berlin trifft, bei einem Zwischenstopp, *Mitten in Europa*, wie es damals in der Schule in meinem Deutschbuch stand, woraufhin meine litauische Klassenkameradin sauer wurde. Sie sagte, wenn man den mittelsten Mittelpunkt dieses Kontinents bestimmt, landet man geradewegs in St. Petersburg, und sie ließ sich von den Beschwichtigungen nicht trösten, dass die Grenzen nicht geografisch seien, sondern gezogen von Leuten, die die Welt definierten, nach ihrem Blickwinkel umformten und es möglich machten, Sachen wie »Ich war noch nie außerhalb Europas, außer in Makedonien« zu äußern und damit davonzukommen. Niemand brauchte zu wissen, dass ich ein Wrack war. Und erst recht nicht zu sehen. Ich ging ins Bad. Stellte mich vor den Spiegel unter der flackernden Glühbirne, die lose von der Decke hing und zu einem Brand anstiftete. Blinzelte mein Spiegelbild an. Kaltes Wasser ins Gesicht. Ich kramte die Billigmascara hervor, die ich auf dem Weg nach Ancona im Duty Free gekauft hatte. Schmierte mir Feuchtigkeitscreme ins Gesicht, dann Foundation, Rouge, Kajal, putzte mir die Zähne und verkleckerte Zahnpasta neben dem Waschbecken, und genau dieser Aufwand sorgte dafür, dass Milo, als ich ihn eine Stunde später dort traf, wo die U1 und die U8 sich kreuzen und die Punks an der Ecke nach Kleingeld fragen, ohne dass man Punk zurückbekommt, mein abgewracktes Äußeres nicht kommentierte, sondern stattdessen sagte: »Du hast Ähnlichkeit mit Ulrike Meinhof.«

»SIE WAR EIGENTLICH Model. Wusstest du das?«

»Du meinst Gudrun Ensslin ... «

»Bevor sie mit der Brandstifterei anfing.«

Wir gingen ins Café Kotti, die Treppe rauf an den Falafel-Läden vorbei, das Lokal war zum Umfallen verqualmt. Ich schnorrte mir eine bei einem langhaarigen Typen, der mit den Fingern gegen sein Whiskyglas trommelte. Die Sofas waren abgewetzt, die Tische niedrig, schief und omahaft, die Decke voll mit Kinderzeichnungen, und man konnte Baklava und Slippery Nipple Drinks kaufen und Milo sagte, ein bisschen zu laut und mit einem undefinierbaren englischen Akzent, hier würden »die Hipstertürken abhängen«. Er zeigte auf den Langhaarigen – »der da zum Beispiel«. Der Rauch waberte vor seinem betrübten Blick: »Das ist der Regisseur von *Gegen die Wand*.«

Ich mochte den Film, also beschloss ich, dass wir ruhig ein bisschen bleiben konnten, obwohl mein erster Gedanke bei Milos Anblick war: Nein, nein, was soll ich denn mit so einem Typen?

Sein T-Shirt war ausschlaggebend.

Es war grün und ausgewaschen, mit einem Außerirdischen, der einen Joint im Mundwinkel hatte, darunter der Text *Take me to your dealer*. »Hab ich in London auf dem

Camden Market gekauft!«, sprudelte es aus ihm hervor, als er meinen Blick bemerkte, und bestellte zwei Bier, ohne mich zu fragen, was ich trinken wollte. Winkte den Fünfeuroschein ab, mit dem ich bezahlen wollte, lehnte sich gegen den Tresen und nickte und lächelte vorbeigehenden Leuten zu, als ob der Laden ihm gehöre.

»Du kommst nicht von hier«, sagte ich, »ich kann hören, dass du kein Deutscher bist«, woraufhin er direkt zur Sache kam und antwortete: »Nicht nur das. Ich hätte nicht einmal geboren werden sollen!«

Und diese Aussage hatte nichts Mitleidheischendes, Deprimiertes oder Borderlinemäßiges an sich. Es war eine Feststellung, seine natürliche Reaktion, bevor er (nachdem er ein paar Schlucke von seinem Bier getrunken hatte) sehr detailliert von dem Dorf erzählte, in dem er geboren worden war, er beschrieb es als einen abgelegenen Ort – dessen geografische Lage genauso schwer zu bestimmen war wie sein Akzent – in dem ein bestechlicher Arzt in den späten Siebzigern mit einem multinationalen Schurkenkonzern gemeinsame Sache machte, um dort die Wirkung der Antibabypille zu testen, die kurz zuvor durch ein Experiment den Markt erobert hatte. (»Du weißt schon, so ein Ort, an dem man sich nur bei seinem Nachbarn beschweren kann, weil niemand sonst deinen Dialekt versteht.«) Die eine Hälfte der Frauen im Dorf bekam die Antibabypille, die andere Hälfte Zuckerpillen – und keiner von ihnen wurde gesagt, dass sie jetzt Teil eines Forschungsprojektes war, »aber um es mal positiv zu sehen: Der Konzern hat rausgefunden, dass diese Hormonregulierung ihren Zweck erfüllt!« Er fügte hinzu, dass das bestechliche Arschloch der einzige Arzt in einem Umkreis von 200 Kilometern war, weswegen die Hälfte der Kinder, die zwischen 1978 und 1984 (ehe der Arzt »beseitigt« wurde, nachdem er sich im Suff verplappert hatte) in der Region auf die Welt kamen, keine Wunschkinder waren. Milo war eines von ihnen. Ein Sachverhalt, den ihm seine Mutter – »möge sie in Frieden ruhen« – anscheinend ganz ohne Skrupel regelmäßig unter die Nase gerieben hatte. »Shit«, sagte ich. Vielleicht eine Spur zu unbeholfen, aber er bemerkte es kaum, sondern erhob sein Glas zum Anstoßen – »So ist es nun mal!« – und versicherte mir, alles sei ganz blendend verlaufen, seit ihm, als er vierzehn war, ein wie aus dem Nichts aufgetauchter Onkel das mit den Blumen und den Bienen erläutern wollte (»Jetzt gehst du ja zur Schule«, hatte er gesagt, »also nehm ich an, dass du alles weißt, was es zu wissen gibt, und bedanke mich für dieses Gespräch.«).

Milo hatte einen Haufen Fragen (»Also, was machst du hier? Wohnst du hier? Norwegen, cool! Teuer! Kalt! Und die Leute bringen sich um, oder? Und was ist mit diesem Mörder von der Insel? Krass! Glaubst du, so etwas hätte in einem warmen Land passieren können?«). Einen Haufen Theorien (»Vielleicht hat das nichts mit der Kälte zu tun, sondern mit der Größe? Denn das trifft ja auf alle kleinen Länder zu. Nimm zum Beispiel Österreich: in Kellern eingesperrte Kinder – oder Belgien: Pädophilie und Terrorzellen und nicht zuletzt: Rinderwahn!«), und das Bier schwappte über den Rand des Glases, und meine Gedanken schweiften ab. (»Wusstest du, dass die Wahrscheinlichkeit, auf einer Angeltour von herabfallenden Kühen getötet zu werden, höher ist, als an Rinderwahn zu sterben?«)

Ich bestellte einen Slippery Nipple.

(»Das ist echt mal ein paar Japanern passiert! Die waren Fischen im Pazifik. Dann kam ein Flugzeug, das viel zu überladen war, also beschloss die Crew, ein paar Kühe von Bord ins Meer zu schmeißen – und zwei Fischer sind gestorben!«)

Ich bekam einen kleinen Kick vom Lakritzgeschmack.

(»Die haben natürlich den Darwinpreis bekommen. Hast du von dem schon mal gehört?«)

Der Bartender legte *Voulez-vouz* auf. Drehte lauter.

(»Das ist ein Preis, den man an kinderlose Menschen verleiht, die auf eine so dermaßen idiotische Weise ums Leben kommen, dass man ihnen dafür dankt, ihre Gene nicht weitergegeben zu haben. Wie dieser Kanadier, der unter einem Getränkeautomaten begraben wurde, als er versuchte, eine Pepsi zu klauen. Oder die beiden Amerikaner, die im Beisein eines Apportierhundes mit Dynamit fischen gehen wollten ... ABBA?!«)

Nothing promised, no regrets. Er fand's toll, schnipste im Takt mit den Fingern und schaute mich plötzlich an. Ein bisschen zu lange, ohne Scheu im Blick. Ich lehnte meinen Ellenbogen an den Tresen und legte meine Lippen abwartend an den Strohhalm in meinem Drink. Er stellte sein Bierglas ab und deutete auf einen leeren Fleck im Raum, »na los, lass uns tanzen ... «, und wurde in letzter Sekunde vom *Gegen-die-Wand*-Regisseur gerettet, der den DJ mit »Hey!« anherrschte, woraufhin er Anni-Frids Stimme sofort runterdrehte und mit sufimystischen Klängen ersetzte. Milo stöhnte entnervt. Nahm einen Schluck. Trippelte leicht auf der Stelle. Ließ seinen Blick durchs Lokal schweifen. »Geht hier noch was? Wollen wir woanders hin?«, fragte er. »Wir können eine Runde drehen.« Er erzählte, er habe ein Wohnmobil. Er hatte es im Nachbarviertel geparkt, unter einer Brücke hinter den Gleisen an der Warschauer Straße, und ich bemerkte einen nichtsuizidalen Drang, mich Hals über Kopf in etwas hineinzustürzen.

ER HATTE ÜBERHAUPT keinen Filter. Über alles musste geredet werden. Jeder spontane Gedanke musste für die Außenwelt formuliert werden, wie Rohdaten des Lebens, unbearbeitetes Material, das er verstreute, damit jeder es interpretieren konnte. Auf dem Weg durch Kreuzberg erzählte er mir, wie er seinen Lebensunterhalt verdiente.

Zum Beispiel mit Blutspenden. (»Bei der Anzahl der Sexpartner sollte man lügen.«)

An Forschungsgesprächen teilnehmen. (Er meinte *Marktforschungstests*, bei denen man neue Produkte ausprobiert, Schokolade kostet und dann darüber spricht, welche Gefühle Etiketten in einem auslösen – man bekäme bis zu 50 € pro Test, inklusive einer Gratispizza, die man sich mit den anderen Probanden teilt.)

Und in den Niederlanden hatte er 100 Euro für die Teilnahme an der Fernsehshow *Wer hat die schnellste Samenzelle?* verdient (die erste Realität, mit der man im Leben konfrontiert wird: survival of the fittest), hatte gemeinsam mit fünf anderen virilen Kandidaten in ein Röhrchen gewichst und zusätzlich 1000 Euro für den ersten Platz gewonnen.

»Ihr habt Jagdfalken in Norwegen, oder?«

Man kann nämlich auch seltene Vogeleier stehlen und

an deutsche Barone verkaufen, sagte er – »man muss nach neuen Möglichkeiten suchen!« –, und dann waren wir an seinem Wohnmobil.

Es war weiß, der Lack abgekratzt, zugepappt mit Aufklebern: »I love Berlin«, »Go Vegan« (»Nee, ich ess schon noch Fleisch, ich will nur auf der sicheren Seite sein«), ein Print von einem der beiden Kaczyński-Brüder (der polnische Präsidentenzwilling, der bei einem Flugzeugabsturz ums Leben kam), und Milo öffnete die Schiebetür mit einem kräftigen Ruck. Wir kletterten die kleinen Stufen hinauf. Seine erste Amtshandlung war es, sein T-Shirt von sich zu zerren und sich ein neues überzuziehen, diesmal mit dem Union Jack quer über der Brust.

Er fahre einfach los, erzählte er, wohin er wolle und wann er wolle (»Jetzt müsste ich mal in den Norden, oder? Erst weg von den Staatsschulden und jetzt weg von den Minijobs«).

Dann würde er einfach alles zusammenpacken und losfahren. »Hast du Führerschein?«, fragte er mich.

(Ich erinnere mich an meinen Fahrlehrer, der behauptete, ich würde zu viel zögern und nicht verstehen, dass man die Kupplung wie eine Frau behandeln müsse: schön sanft.)

»Ich hab mit 18 Führerschein gemacht und bin seitdem nicht mehr gefahren.«

»Ich leih dir den hier mal, dann kannst du quer durch Deutschland fahren. Hier gibt's keine Geschwindigkeitsbegrenzung. Das ist das einzig Positive, das ich über dieses unhöfliche Land sagen kann. Man kommt schnell wieder weg!« Er zeigte mir, wie das Wasser funktioniert, wie man es auffüllt, und erklärte, dass alle Regale mit Tape befestigt seien, damit das Besteck bei der Fahrt nicht rausfliege. Es gab einen kleinen Tisch, eine Sofaecke, eine Luke im Dach und ganz hinten, oben am Fenster mit den braunen Gardinen, stand das Bett. Schnell räumte er ein paar Unterhosen weg, schmiss sich in die Sofaecke, bot mir den Platz neben sich an und kramte einen kleinen Klumpen in Alufolie hervor. Er hielt sein Feuerzeug rituell darunter. Ich setzte mich auf einen Survival Guide (für die Rocky Mountains, USA), den er, wie er mir erzählte, auf einem Flohmarkt gefunden hatte. Er sprach Apokalypse konsequent falsch aus.

»Akopalypsi.«

Fragte mich, ob ich *The Road* gelesen hätte. »Nee«, sagte ich.

Oder ja, doch: die ersten paar Seiten. Ich hatte aufhören müssen, weil ich mich zu sehr mit der Mutter identifizierte. Die sich gleich am Anfang des Romans das Leben nahm.

WIR FUHREN NIE los. Also was machten wir hier? Ich war beinahe gerührt, dass er keinen Move machte. Und ein bisschen eingeschnappt. Zog am Joint. Er sprach schleppender.

»Einer der ersten Fehler, den die Leute in Sachen Lebensplanung machen«, sagte er, »ist derselbe wie bei ihren finanziellen Investitionen ... ich meine, du kannst jeden Börsenmakler fragen, und er wird dir sagen, der Schlüssel ist, sich breit aufzustellen« – das Rocky-Mountain-Heft lag in meinem Schoß – »das betrifft eben auch erfolgreiche Ernährungspläne. *Diversify*, so heißt es doch, oder?«

Er machte keine Anstalten, den ersten Schritt zu machen, auch wenn ich wusste, dass er gern wollte.

Sein Knie berührte meines.

Sein Oberkörper, bedeckt vom Union Jack, war mir zugewandt.

Klar wollte er.

Er schaute mir dabei zu, wie ich in dem Heft blätterte, dort stand, dass die Natur ein gnadenloser Ort sei, und wenn totales soziales Chaos herrsche, solle man nicht alleine sein.

»Man sollte sich auch von allen möglichen Vorbehalten

befreien, die einen davon abhalten, Meerschweinchen zu essen«, fuhr er fort, als ich mein Bein über seines legte.

»Diese Tiere sind genial, sie sind einfach zu transportieren, vermehren sich innerhalb von drei Wochen, brauchen gerade mal eine Handvoll Gras am Tag ...«

»Mmm.«

»... ich meine, hier sind sie Haustiere, aber in Südamerika sind sie eine Proteinquelle, verrückt, oder? Dass Geschmack und Moral sich je nach Lebensbedingungen verändern. Ich glaube, der Clou ist, dass du alle deine Gewohnheiten ablegen musst. Spiel damit, tu so, als wärst du bei einer Fernsehshow dabei – bei *Fear Factor* essen sie Kuhaugen, hast du das gesehen? Und es sagt ja keiner, dass man das Zeug nicht würzen soll ... Ich hab immer Pfeffer dabei, wo ich auch bin ...«

Das war der Moment, in dem ich ihm den Mund zuhielt. Endlich hielt er die Klappe. Er guckte mich verblüfft an. Ich wartete ein paar Sekunden, lockerte den Griff und ließ meinen Zeigefinger über seine Lippen streifen. (»Ssschhh«) Ich spürte an meinem Bein, dass er hart wurde, unmissverständlich steif, also wandte ich mich ihm ganz zu, setzte mich auf ihn, knöpfte schnell meine Bluse auf und streifte sie ab, erst da griff er mit beiden Händen an meinen Hinterkopf. Er packte zu und fuhr mit seinen Fingern durch meine Haare, ich biss in seine Lippen und er biss zurück. Unsere Zähne kollidierten, mindestens zweimal, und er massierte meinen Hinterkopf und atmete schwer, und ich zog ihm den Union Jack von dem angemessen breiten Brustkorb, über die kurzen dunklen Locken, bevor ich nach der kleinen Metallleiter griff, die ins Bett hinaufführte. Wir wechselten einen Blick. Willst du? Ich will. Und du? Wir kletterten hoch. Bis zum Dach war es nur ein knapper Meter, keiner konnte hier aufrecht sitzen, also streckte ich mich aus und legte mich über ihn, fummelte an seinem Hosenstall herum – was war hier eigentlich was? – packte wahrscheinlich etwas zu hart zu, denn warte, warte, warte, sagte er, und sah fast ein bisschen verängstigt aus. Vielleicht weil ich oben lag, vielleicht war ich ihm zu schnell, aber er war doch hart, unmissverständlich steif, also platzierte ich seine Hand an meiner Klitoris und er versuchte zu reiben, ganz schön unbeholfen, aber er kapierte, als ich ihm zu verstehen gab, dass er die Hand einfach ruhig halten sollte, damit sich ihre Wärme ausbreiten konnte. Ich war ohnehin nicht auf einen Orgasmus aus. Ich wollte nur feucht genug werden. Ich schmiegte mich an ihn, strich meine Haare zur Seite, ließ ihn mit seinen Lippen meinen Nacken berühren, gab ihm zu verstehen, dass es darum ging; es ging um den Nacken, und es ging um das Ohr, er musste nur leicht beißen und an den Brustwarzen kneifen, härter zugreifen, beißen, kneifen, ziehen, streicheln, und ich richtete mich wieder auf, »oh Gott«, stöhnte er, »oh Edda«, stöhnte er, und ich: »Ssschhh« und stieß mit dem Kopf ans Wohnmobildach. Er war zu angetörnt, um einen Lachkrampf zu kriegen, auch wenn ich sah, dass er kurz davor war, und als ich nachfühlte, dachte ich, »bereit«, und schob seinen Penis in mich hinein. Ließ ihn sachte in mich hineingleiten, während ich seine Hände festhielt, fünf Sekunden, zehn Sekunden, zwölf, fünfzehn, drin, und dort ließ ich ihn, umschloss ihn, entspannte, umschloss, entspannte, und

Flüssigkeiten wurden ausgetauscht, und er schloss die Augen, und ich fasste ihm an den Po, doch er drückte mich leicht weg und suchte zögernd meinen Blick, als müsste er sich vergewissern, denn er verschränkte seine Finger um meine und fragte: »Du nimmst die Pille, oder?«

Ich antwortete: »Dass du mich das überhaupt fragst, ist eine Beleidigung.«

DIE KLEINE SCHWARZE Dose von einem Radiowecker, die auf dem Bettzeug herumlag, zeigte 03:14 Uhr. Es war Freitag, der 29. April, und Milo lag ausgestreckt, halb zugedeckt, mit dem Kopf an der braunen Gardine, die von seinem Atem leicht wehte, als ich abhaute. Um zehn saß ich im Bus nach Kopenhagen. Ich und eine Gruppe Syrer. Ich saß neben einer Mutter mit türkisfarbenem Kopftuch und rosa Plastikschutz um ihr Handy und einem kleinen Kind mit Kopfhörern auf dem Schoß, und als wir die dänische Grenze überquert hatten, kam die erste Nachricht von Milo. Ich hatte keinen Bock, sie zu lesen. Windmühlen zogen vorbei, die Passkontrolle an der schwedischen Grenze dauerte Ewigkeiten, und um Zeit totzuschlagen, entfreundete ich Lukas bei Facebook.

Ich nickte ein. Im Halbschlaf durch gelbe Felder und über gerade, triste Autobahnen, und einen Tag von Berlin entfernt wachte ich am Osloer Busbahnhof auf, kaufte mir einen Takeaway-Kaffee bei Deli de Luca und machte mich auf den Weg nach Hause zu einer halbstündigen Dusche (letzte Warmwasserrechnung: 250 Kronen, inklusive Betriebskosten). Ich war wieder in der Hollendergata. Wo die Teslas vor dem Gebäude, in dem Willy Brandt einst lebte, Strom tankten und Staplerfahrer ihre Waren vorbeikarrten und steinerne Köpfe von den Fassaden glotzten und Straßenbahnen mit polnischer Werbung für internationale Mobilfunkanbieter vorbeirumpelten, und im Supermarkt A4-Zettel mit Klebestreifen befestigt wurden, mit der Aufschrift: »Aufgrund des Preiskrieges ist der Kauf von nur einem Produkt pro Person zulässig«; und ich kaufte einen Schwangerschaftstest (169 Kronen), der, so die Packungsaufschrift, genauso sicher ist wie eine ärztliche Diagnose.

Ein paar Wochen später pinkle ich drauf, umgeben von einer flirrenden Einsamkeit, auf dem Klo auf halber Treppe.

NACHDENKEN: TAG 1

OSLO: WIE WÄR'S mit ein paar Krawallen? Wie die in London? Wie der, bei dem das Cereal Killer Café in der Brick Lane mit Farbbeuteln beschmissen wurde? Ich vermisse die Brick Lane, ich vermisse Lukas, und ich wünschte, es würde heute Abend nicht so krass regnen, und ich wünschte, ich müsste diese Schlagzeilen über Roboter, die nach und nach unsere Jobs übernehmen, nicht mehr sehen, ich wünschte, ich müsste mir keine Sorgen machen, dass mir ein Fahrrad auf den Kopf fällt, wenn ich einen Pornshot Martini bestelle (wofür ich womöglich auch noch den Darwinpreis bekäme). General Elektriks singen *Migration Feathers*. Der Boden ist klebrig vom Schnaps, den die Leute hier verschüttet haben. Der Bartender schenkt ein, vier Zentiliter, Maracuja, Vanille, Prosecco, und ich balanciere den Drink quer durchs Lokal, das von den Bässen bebt, und mir schwappt etwas über den Gläserrand auf meine Finger, als es Mitternacht schlägt – der erste Tag des Nachdenkens ist vorbei –, und da sitzt Kika. Mit blondem Pony und in glitzerndem Discovintage. Sie quietscht und hat viele gute Ratschläge (»Vögel bloß nicht mit dem Zeitungsboten, den du nach der Party auf dem Nachhauseweg triffst. Der weiß, wo du wohnst, und kommt wieder«). Und dann kommt Milos vierzehnte Nachricht.

Die ich nicht beantworte. Er schreibt in Caps Lock.

Er schreit mich an.

Das ist ziemlich verstörend – auch wenn er sich dafür entschuldigt, dass irgendetwas mit seiner Tastatur nicht stimmt, bevor er (»UM AUF DEN PUNKT ZU KOMMEN!«) berichtet, dass er auf dem Weg ins »WIKINGERLAND« sei und wir die Gelegenheit nutzen sollten, ein Bier in der Mitternachtssonne zu trinken, und »BIST DU DA?« und dann noch ein Link zu einem Upworthy-Artikel mit Fotos von einem eingestürzten Bürgersteig in Florenz (der Boden implodierte und zog alle dort geparkten Autos mit sich in eine unterirdische Kuhle), gefolgt von einer Unmenge Ausrufezeichen.

Dann noch eine Nachricht: »SIEHST DU? DER KONTINENT BRICHT ZUSAMMEN! ICH MUSS SO WEIT WIE MÖGLICH WEG VON DIESEM BÜRGERSTEIG!«

Und noch eine: »SINTFLUT!«

Und: »WIR MÜSSEN DIE HEIMLICHE ARCHE FINDEN UND DIE MENSCHHEIT VOR DEM UNTERGANG BEWAHREN!«, gefolgt von einer Reihe Lachkrampf-Emojis, einem Surfbrett und zwei prostenden Biergläsern.

Und dann auch noch: »ICH BIN IN OSLO. WO BIST DU?«

KIKA FEIERT DEN Drink, fragt mich neckend, wer mir schreibt, und ich setze mich ihr gegenüber auf einen wackeligen Schulstuhl. Antworte: »Niemand Bestimmtes« und versuche, unter einer Pflanze, die von der Wand hängt, den Strohhalm im Mund, eine bequeme Sitzhaltung zu finden. Kika legt los: vierzig Quadratmeter in Tøyen für drei Komma drei. Zinsen und Ratenzahlung und der Börsencrash, der niemals kommt, und San-Pellegrino-Flaschen auf der Küchenablage und ein Immobilienmakler mit Erektionsproblemen (»Ich glaube, das kommt von den Weizengras-Shots, auf die er bestanden hat«), und ich nippe an meinem Glas.

(»Die kann man bei der Bäckerei Hansen kaufen!«)
Stochere an dem Zuckerrand herum.
(»Gras für fünfzig Kronen! Ich meine, was wird aus uns Pollenallergikern? Kann man nicht mehr ein gutes altes Red Bull trinken, um sich aufzuputschen? Was wird aus uns, die sich ein Yoga-Retreat und einen Lifecoach und Aloe-Vera-Saft nicht leisten können? Und damit meine ich nicht dieses *disgusting* Wasser, das sie bei Deli de Luca verkaufen. Das so aussieht, als hätte jemand reingerotzt. Und das soll jetzt also das Universalmittel für weibliche Schönheit sein? In erster Linie ist das krass abführend!«)

Ich überlege, ob ein Abend randvoll mit Martini nicht der sicherste Weg zum kurzen Prozess ist. Vielleicht brauche ich Ole-Morten am Mittwoch gar nicht wiederzusehen? Vielleicht sollte ich noch eine Flasche Gin hinterherkippen? Mich einer – wie heißt es gleich – Hypothermie? – aussetzen? Den Erstbesten in diesem Laden aufreißen, der einen siedend heißen Jacuzzi zu Hause hat? Oder ein Eisbad am Stadtstrand Sørenga nehmen, Frostschäden davontragen und noch heute Nacht zur Ausschabung in die Ambulanz eingewiesen werden?

»Ich meine diesen Seifensaft, den sie für 450 Kronen im Reformhaus verkaufen«, und ich will nicht nachdenken, kann es aber auch nicht lassen: Denke an den 20-Studienpunkte-Kurs in Sozialanthropologie, den Kika und ich vor Ewigkeiten mal belegt haben. Die Dozentin mit der Dame-Edna-Brille.

Die sagte: »Liebe kinderlose Frauen, schaffen Sie sich Kinder an! Oder lügen Sie wenigstens, wenn Sie für Ihre Feldstudien in den Amazonas oder die Tropen oder die Tundra oder wohin auch immer fahren. Denn die Frage wird man Ihnen garantiert stellen: Haben Sie Kinder? Und dann ist es wichtig, diese Frage mit *Ja* zu beantworten. Nur so wird man akzeptiert und wirkt vertrauens- und glaubwürdig.«

Seitdem habe ich bei allen möglichen weiblichen Angelegenheiten gelogen: Bei meiner Friseurin in Mandal, die meint, ich habe mich gut gehalten, bei Angel drüben in der Ebbells gate, die meine Nägel quadratisch feilt, während sie erzählt, dass Olympia in Peking ein *big scam* war, denn sie alle löchern mich und fragen, *Hast du Kinder?*, wie ein

Spasmus, ein kollektives Tourette, und ich habe mir schon eine nicht eben kleine Fantasiefamilie zugelegt. Mit Namen wie Ivan und Gregers und Klara und Eivor. Namen, die mir so spontan eingefallen sind.

Ich und meine spontanen Einfälle.

Kika erzähle ich davon nichts. Ich sage, »Shit, ich hab Bock auf 'ne Kippe«, und lehne trotzdem ab, als sie eine aus ihrer Packung herausfummelt, erkläre unter einem Räuspern, dass ich immer noch abstinent bin, immer noch eine Verräterin, und sie kommt auf unser Telefonat zu sprechen. Fragt mich nach dem Artikel, den ich erfunden habe; sie könne sich vage daran erinnern, dass der Vorschlag nach einer obligatorischen Bedenkzeit kam, dass er wahrscheinlich in anderen hitzigen Diskussionen untergegangen ist, dass sie Parallelen zu Verkehrsunfällen gezogen hätten, indem sie sagten: »Wie viele Tote wollen wir noch akzeptieren?« Einsahen, dass das Leben-für-Leben-Prinzip plötzlich salonfähig geworden war, es jedoch besorgniserregend fanden, dass Untersuchung und Eingriff zur selben Zeit durchgeführt werden konnten. Dass alles in dieser Gesellschaft viel zu schnell geht. Was für eine verfluchte Horde (von) Gebärmutterfeministen.

Typen, die sagen, »weibliche Führungskräfte bringen den Weltfrieden«. Typen, die diesen scheißprovozierenden Aretha-Franklin-Song *You make me feel like a natural woman* mögen.

»Was verdammt noch mal ist denn bitte natürlich?«, ruft Kika über den Gitarrensound hinweg.

Die Urkraft des weiblichen Körpers?

Sie sagt: Gib mir lieber eine Knarre, damit ich mich aus

dem Gefängnis des Körpers herausschießen und Andy Warhols Leber, Milz und Lunge mit Kugeln durchlöchern kann.

Dann braucht sie noch einen Drink.

Sie klopft ihre Paillettenbluse ab, klettert aus unserer Barecke und stolziert durch den Laden, berührt dabei hier und da ein paar Schultern, und als sie zurückkommt, mit grünen Drinks, die über den Glasrand schäumen, legt sie ihre Hand auf meinen Arm und versucht, ihren beschwipsten Blick auf mich zu fokussieren:

»Aber jetzt mal ehrlich«, in einem fürsorglichen Tonfall schreit sie: »GEHT'S DIR GUT?«

»Blendend.«

Ich trinke einen Schluck.

Dann sagt sie pflichtbewusst, »du weißt, ich mochte ihn nie so richtig« über Lukas. Und redet weiter auf mich ein. Dass ich auf mich aufpassen solle, dass ich auf übermenschliches Selbstbewusstsein hereinfallen würde, obwohl ich mich eher auf die Nervösen einlassen solle, das seien die, die mich wirklich wollen – »außerdem mochte er keinen Koriander!«. Sie ist außer sich: »Denk doch mal daran, wie sehr du dich zurückgenommen hast« – als sich ein Mann mit gelockertem Schlips zu uns setzt – »ich meine, Guacamole ist einfach nicht dasselbe ohne« – er sagt, sein Kumpel stecke in einem Dilemma – »oder die Karottensuppe, die du jedes Jahr im Herbst kochst« – und dann wendet Kika sich ihm zu.

Pustet ihren Pony zur Seite, um besser sehen zu können.

Ruft: »Ich hab dich schon mal gesehen! Du warst in diesem Streikvideo der Ärzte dabei, oder? Ihr habt meine Unterstützung, *zu hundert Prozent*! Singst du schon lange im Männerchor?«

Dann machen sie rum.

Ich studiere die Getränkekarte.

Es ist langsam Zeit, ins Bett zu gehen.

Ich sehe die Viertel-vor-drei-Blicke der Leute, die sagen: *Noch fünfzehn Minuten, um jemanden zum Vögeln zu finden*. Ich sehe Mädchen in Tunikas und Piratenhosen. Menschen, die ihre Karte zücken und ihre Sorgen auf morgen verschieben. Zwanzigjährige, die meinen, VHS sei das neue Vinyl.

Ich hole mein Handy hervor.

Scrolle durch meinen Newsfeed, klicke auf den Daumen unter meinen posierenden Freunden und navigiere herum, topaktuelle Themen wie #bernieorbust und Bettlerverbot, und Urlaubsbilder und kuriose Kinderzitate, und mir steht's bis zum Hals, und der Abend ist hier für mich zu Ende.

Verabschiede mich von Kika und dem Arzt, dessen Zunge in ihrem Ohr hängt.

Und als ich auf meinen Pumps an der Rückseite des Arbeidersamfunnets plass vorbeitorkle, hab ich längst vergessen, dass ich wie im Autopilot bestätigt habe, dass Kika uns in genau dieser Bar eingecheckt hat. Damit die Leute wissen, dass wir an diesem Freitagabend was vorhaben.

Dass wir an diesem Abend auffindbar sind.

Wo wir auffindbar sind.

Genau so findet mich Milo.

MIT DRÖHNENDEM SCHÄDEL wache ich auf.

In meinem eigenen Bett. Alleine, und es flasht an mir vorbei: Pumps, Hacken, Gullydeckel, Churros, und ich entdecke, dass ich noch die Klamotten von gestern Nacht anhabe – nur linksrum, dass ich wohl geglaubt haben muss, ich hätte mich zum Schlafengehen umgezogen, aber statt meines Nachthemds dieselben Klamotten erst aus- und dann wieder angezogen habe. Aber ich bin erleichtert. Darüber, dass es in der gesamten Wohnung keine Spur von ihm gibt. Kein zweites Glas auf dem Küchentisch. Keine ausgelatschten Sneakers an der Wohnungstür, kein ausgewaschenes T-Shirt auf dem Fußboden, ich muss ihn irgendwo am Grønlandsleiret abgeschüttelt haben, bevor ich auf dem umgeknickten Fuß nach Hause gewankt bin, der immer noch ziept. Ich hinke die zwei Schritte auf die Küchenschubladen zu. Nehme 1000 Milligramm Paracetamol und 400 Milligramm Ibuprofen, setze einen Kaffee auf, schalte das Radio an, in dem ein alternder Schriftsteller, ein bekannter Kommunist und ein Philosoph über den niederländischen König diskutieren, der den Wohlfahrtsstaat für tot erklärt hatte (»Am 17. September 2013, während seines ersten öffentlichen Auftritts, nachdem unsere geliebte Königin Beatrix abgedankt hatte, stellte sich Willem-Alexander, Europas jüngster Monarch, vor die versammelte Presse und sagte ›Nun muss ein jeder für sein eigenes soziales Sicherheitsnetz sorgen.‹«). Ich nehme eine Tasse. Mir fällt ein, dass ich ein paar Einkäufe erledigen müsste, schreibe eine Liste (Kaffee, Zimt, Zitrusfrüchte), überlege, die Zeitung von draußen reinzuholen, denke, man muss gewappnet sein, auch an Tagen wie diesem, Tagen, die nicht gerade einladend sind, aber ich weigere mich.

Was, wenn er draußen im Hausflur steht?

Ich humple an die Wohnungstür.

Schaue durch den Spion, der den Treppenaufgang verzerrt, aber auf der anderen Seite ist nirgendwo ein Miniatur-Milo zu entdecken.

Also öffne ich fix die Tür, greife nach der Zeitung auf dem Fußabtreter, werfe sie aufs Bett, hinke zurück, verkrieche mich unter der Bettdecke und denke: Er steht unten im Hof. Oder an der Ecke zwischen Hollendergata und Grønlandsleiret.

Garantiert, er wartet nur darauf, dass ich rauskomme.

Wahrscheinlich hat er mir geholfen, nach Hause zu kommen – und jetzt hat er die ganze Nacht dort unten rumgelungert, vielleicht sogar auf dem Bürgersteig geschlafen, als der Vagabund, der er ja nun mal ist, oder sich ein paar Stunden im Wohnmobil aufs Ohr gelegt, bevor er in aller Frühe wieder zurückgekommen ist, damit er mir ganz »zufällig« begegnet, wenn ich in meinen Campers nach draußen geflitzt komme, den Einkaufszettel in der Hand aus lauter Angst zusammengeknüllt. Ich darf das Haus heute nicht verlassen. Ich kenn diesen Typ, ein klassischer Straßeneckenherumlungerer, einer, der sich in Outdoorjacke an Betonwände lehnt und Abgase inhaliert, und ich habe keinen Bock, Kika anzurufen, um mich von ihr verhören zu lassen. Ich weiß genau, wie sie reagieren wird. *Erotomanie!*, würde sie sagen (auch bekannt unter erotischer Paranoia oder De-Clérambaults-Syndrom), und ich würde verbergen müssen, wie sehr mich das kränkte. Kurz gesagt, er ist der Typ Mensch, der für eine Frau Tausende von Kilometern auf europäischen Autobahnen zurücklegt – nach nur *einem* Fick.

Ich checke mein Handy. Noch hat er keine neue Nachricht geschickt.

Keine Mails. Saldo: 15 009 Kronen – das Honorar für mein letztes Interview ist gekommen, und ich fluche leise vor mich hin, denke an die Miete, die ich nächste Woche bezahlen muss, an die 7500 Kronen, die in einem Happs verschluckt sein werden, und im selben Augenblick spüre ich es. Mir ist schlecht. Mir ist schwindelig. So schnell ich kann, hinke ich hinaus ins Treppenhaus, die Asbesttreppe hinunter aufs Klo.

DABEI SCHIESST MIR durch den Kopf: Er steht zwar nicht hier draußen im Hausflur, aber es ist möglich, dass er gerade in mir wächst. Ein Fremdkörper hat mich befallen.

Er hat einen Klumpen gebildet, der sich, in genau diesem Augenblick, in kleine Teilchen aufteilt und verschmilzt, wie in dem Babyfilm, den sie jedes Jahr in der Vorweihnachtszeit im Fernsehen zeigen. Oder was weiß ich. Ich hab überhaupt kein Gefühl dafür, wie so was abläuft. Ich habe überhaupt kein Gefühl für dieses Phänomen, dieses Vorkommnis, es existiert nur auf einem digitalen Streifen, den ich für 169 Kronen gekauft habe, und sabotiert den Gleichgewichtssinn in meinem Ohr und zwingt meinen Kopf über die Kloschlüssel, und nur Google kann mir helfen. Bei dieser Empfängnis wurde ich ganz sicher nicht von einer instinktiven Einsicht in den Kreislauf des Lebens befruchtet. Vielleicht könnte mir jetzt ein wenig Urkraft helfen? Ich weiß nicht mal, ob meine Magensäure tatsächlich wegen dieses Phänomens oder des gestrigen Pornshot Martini rebelliert. Vielleicht hat der grüne Drink ihm den Garaus gemacht. Vielleicht hat er den digitalen Streifen ausradiert, ihm den kurzen Prozess gemacht, den ich mit Ole-Morten so unnötig kompliziert vereinbaren musste – die Hoffnung stirbt zuletzt. Am besten wäre es doch, es hätte sich von selbst erledigt. Ich humple zurück in meine Wohnung. Kippe mir ein Glas Wasser hinter, denke: Reinigung. Ich wasche ab, schrubbe die Flecken hinterm Wasserhahn weg, habe den Verdacht, dass es sich um Schimmel handelt, und muss wie jedes Mal, wenn ich hier in der Küche stehe, einsehen, wie schmerzlich wenig Platz ich eigentlich habe. So wenig Raum, den ich einnehmen kann. Dreh ich mich um neunzig Grad, bin ich im Schlafzimmer, geh ich einen Schritt zur Seite, steh ich in der Dusche, und der Kitsch, den ich in einem schwachen Moment bei Accessorize gekauft habe, fällt runter, wenn ich mit dem Waschlappen über die Arbeitsplatte wische, und die Feuchtigkeitscreme und die Zahnpasta stehen neben dem Olivenöl und dem Knoblauch, und wenn ich mir die Hände wasche, spritzt das Wasser übers gesamte Laminat, und ich weigere mich nachzudenken, aber ich kann es auch nicht sein lassen. Das hier ist vor allem eine Frage der Praxis, oder? Irdisch und alltäglich und nicht annähernd ein Wunder. Wo soll ich denn einen Wickeltisch hinstellen? Wo soll dieses Phänomen denn hin? Hier drin habe ich nicht mal Platz, dicker zu werden. Jedes Mal, wenn ich mich nach einer Shampooflasche streckte, würde ich die Wände einreißen, und ich kann unmöglich aus Oslo wegziehen, ich habe kein Auto, keine Kontakte, ich wäre total isoliert, das Kind und ich würden irgendwo am Wegesrand landen, an einer Raststätte, auf der Durchreise, an einer Tankstelle, in der Peripherie, wo nicht mal Räumfahrzeuge hinfahren. Ich weigere mich, ich denk ganz bestimmt nicht nach, ich weigere mich. Denke nicht an Slippery Nipple Drinks, diesen ekelerregenden Lakritzgeschmack, ich kann ihn immer noch schmecken. Die Musik kann ich auch noch hören. Den Synthesizer und Anni-Frids Stimme, und ich spüre den wackelnden Wohnwagen und seinen Blick. Den Ich-muss-mich-nur-vergewissern-Blick, und ja, natürlich, es war sein gutes Recht, nachzufragen, das ist ein Zeichen dafür, dass er durchaus Charakter hat, und ich weiß sein Vertrauen zu schätzen, beziehungsweise, dass seine Lust stärker war als sein Misstrauen, das war schmeichelhaft genug, und ich habe nicht mal gelogen. Ich habe improvisiert. *Du nimmst die Pille, oder? Dass du mich das überhaupt fragst, ist eine Beleidigung* – bedeutet das jetzt, dass ich meine Pille auch wirklich genommen habe? Dass ich sie immer planmäßig einnehme? Dass wir einfach loslegen können? Dass sie nicht hier in meinem Küchenschrank auf Stirnhöhe in einem Kosmetiktäschchen liegt? Dass die Pillenschachtel nicht mehr voll ist? Und ein Kondom? Wäre das seine Aufgabe? Außerdem bin ich Norwegerin, wir benutzen keine Kondome, wir gehen davon aus, dass HIV-Epidemien und all der andere Kram um unser Land einen großen Bogen machen, so wie die globale Finanzkrise. Ich wäre nie auf die Idee gekommen, ein Kondom zu benutzen. Schön blöd, würden einige jetzt sagen. Ich nenne es Vertrauensgesellschaft – und wenn wir schon beim Thema sind, denn das sind wir, besonders, wenn man über ein Waschbecken gebeugt sein Spiegelbild im Abwaschwasser betrachtet – ich schätze es, dass er mir sein Vertrauen geschenkt hat, als ich ihn an der Hüfte packte und ihn an mich zog. Dass er mir so sehr vertraute, dass er seinen Kopf nach hinten fallen ließ und die Augen schloss, während ich ihn hart anpackte und rein und raus und rein und raus, und das Wohnmobil wackelte, und eine Decke fiel aus dem Bett, und eine Socke hing an der Metallleiter, und beim vierten Mal passiert es. Ein glitschiger kurzer Prozess und nun sind wir für immer miteinander verbunden. Ich und ein bebrillter Vagabund, der in CAPS LOCK schreibt. Meine Fresse. Dass menschliches Leben aus so etwas Ordinärem entstehen kann. *It starts here*, wirbt diese Scheißapp. *Any swipe can change your life. An endless barrage of unwanted dicks.* Natürlich konnte er nicht aufhören, an mich zu denken. Ich hätte damit rechnen müssen, nach allem, was ich getan hatte. So nach dem Motto – zeig ihm, dass du deine Zweifel hast, triff ihn trotzdem, lass ihn bezahlen, lass ihn das Wort haben, damit er sich wie ein Mann fühlt, bis du mit einem Mal die Kontrolle übernimmst, du brichst durch das ganze Gerede hindurch, wirfst dich auf ihn und bescherst ihm eine unvergessliche Nacht in einem Wohnmobil, wo du die Arbeit machst und er sich vergnügt, und dann, im Morgengrauen: spurlos verschwunden. Dann ignorierst du seine Nachrichten. Du liest dir nicht mal die Hälfte von ihnen durch. Du antwortest nicht, stellst dein Handy auf lautlos, aber wenn er dich dann erst mal findet, nach eifrigem Suchen, zeigst du, wie verletzlich du bist. Du strahlst aus: Jemand muss sich um mich kümmern. Jemand muss meine Haare halten, während ich kotze, mir eine Schulter bieten, an die ich mich lehnen kann, während ich auf meinen Stilettos durch die Gegend wanke, mir Wasser geben, Churros kaufen, mich nach Hause bringen – er hat tatsächlich meine Haare gehalten, als ich mich vor dem Geldautomaten vor dem Bankgebäude in der Storgata übergeben musste. Wie in einem verfickten Highschool-Film.

GESTERN NACHT: Ich hörte seine Stimme, als ich gerade an dem funktionalistischen Klotz am Arbeidersamfundets plass vorbeiging. Der Akzent war unverkennbar: »Edda!«
Und ich tat erst so, als würde ich ihn nicht hören.

Als wär ich jemand anders, aber es nützte nichts, er lief mir auf dem holprigen Asphalt nach, die Bernt Ankers gate hinab, und obwohl ich ihn abschütteln und am Sportladen nach rechts in die Calmeyers gate einbiegen wollte, über die Stolpersteine – die armen deportierten Juden – holte er mich ein.

Er lächelte, er war glücklich, er war ein frisch geschlüpftes Entlein – genau das dachte ich: Er heftet sich an die erstbeste Person, die er trifft. Glaubt, sie sei seine Mutter. Folgt ihr, ob sie nun will oder nicht, und ich lallte ihm genau das entgegen, aber er checkte die Analogie nicht. Er lachte nur. Sagte: »Aber hier sind doch gar keine Enten! Stattdessen«, fuhr er fort, »gibt's ziemlich viele Ratten. Unten am Fluss, hast du die gesehen? Krass, so viele Ratten!« Er hätte gedacht, er sei in ein zivilisiertes Land gereist, sagte er, hätte mit 50er-Jahre-Kleidern und Blondinen gerechnet und Reihenhäusern in Vorstädten, und dass alle ein Instrument spielen können und alle wissen, wie man eine Violine hält – wie im ehemaligen Ostblock, nur ohne Gulags – aber »hier gibt's ja Ratten! Die flitzen da am Ufer lang, fünf Zentimeter von meinen Füßen entfernt. Wir sind darauf programmiert, Angst vor Ratten zu haben, wusstest du das? Hast du gesehen, dass es erlaubt ist, da unten am Fluss zu angeln? Überleg dir das mal, Edda!«

»Mm.«

»Krasse Stadt. Ein Wasserfall mitten im Zentrum!«

Ich versuchte, meinen Schritt zu beschleunigen. Bog nach links in die Hammersborggata ein, aber er checkte nicht, dass ich ihn abschütteln wollte. Er laberte einfach weiter, redete über die Nachrichten, die er mir geschickt hatte (»Hast du sie bekommen?«), über Norweger, die Pausen machen, wenn sie reden, sodass man unmöglich wissen könne, wann sie mit ihrem Satz fertig waren, und über die »faszinierende« Komposition der Stadt, dass das, was die Leute hier *posh* nennen – »Bygdøy, ne?« – nicht besonders beeindruckend sei, und die Straße am Dubliners Norwegenstraße heiße und die Bulgaren an der Akershus Festung rumhängen und die Äthiopier sich gegenseitig ausspionieren würden (Genaueres konnte er dazu übrigens nicht sagen) und dass das Land ziemlich schlecht vorbereitet sei, wenn tatsächlich ein faschistischer Putsch bevorstünde: Sämtliche Daten würden registriert, und die Leute wüssten kaum noch, was Bargeld sei. Er ist gerade mal eine knappe Woche hier. Ist von Restaurant zu Restaurant gegangen und hat gefragt, ob sie einen Tellerwäscher bräuchten.

Nur dass du's weißt: Da stehen Tausende von Südeuropäern vor dir in der Warteschlange.

Und jetzt hatte er also überlegt, sich einen Pitbull anzuschaffen.

Das erwähnte er, als wir am *Cut time, Cut hair, Cut cost*-Salon vorbeiliefen. Erzählte, dass unter der Grönlandsbrücke Hundekämpfe veranstaltet werden (»Die Szene ist größer, als man sich vorstellen kann!«), und ich glaube, an der Stelle habe ich zum ersten Mal gekotzt, und da hat er mir (entschuldigt das Klischee) die Haare aus dem Gesicht gehalten – ich war gezwungen, auf das T-Shirt unter seiner Jacke zu starren, während ich mich bemühte, mit aller Kraft zu speien: militärgrün, mit der Aufschrift »I'm with stupid« und einem Pfeil nach links. Der zeigte genau auf mich. Ich wusste nicht, was ich mit mir anstellen sollte. Ich sagte: »Spinnst du jetzt völlig?«, und er fragte: »Wegen der Hunde?« Ich lief weiter, die Brugata runter. Sprang über Regenpfützen und er – »klar, ich mach nur Spaß« – lief mir nach. »Ich bin ein überzeugter Gegner von Tierquälerei« –, und vorm 7-Eleven verhakte sich mein Absatz in einem Gullydeckel – »Zeig mir einen Nerz, und ich werde ihn für dich mit Schweineblut bewerfen!« – und knickte mit dem Fuß um. Taumelte, er fing mich auf, fasste mir sanft an die Schultern, justierte meinen Gang und ich – »danke, geht schon« – musste für ein paar Sekunden innehalten, um meine Balance zu finden. »Milo ...«, »Du brauchst Fett für deine Nerven!«, »... ich ...«, »Da drüben kann man Churros kaufen!«

Er zeigte auf einen weißen Wagen an der Vaterlandsbrücke. Sagte, ein Kumpel von ihm würde dort arbeiten. Fidel. Cooler Typ, Chilene. Mit seinen Eltern in den Siebzigern hergekommen. Der Erste, den er in Oslo getroffen hat, als er vor einer Woche hier ankam – er hätte ihn beinahe überfahren, weil er mitten auf dem Weg stehen geblieben sei, nachdem er einen Pokémon gefunden habe.

»Fidel gibt uns Rabatt!« Er bestand drauf, und meine gesunde Skepsis lag gemeinsam mit meinem Mageninhalt am Straßenrand.

Ich hockte mich hin. Beobachtete die Menschen: ein kreischender Junggesellinnenabschied, eine besoffene zukünftige Braut, die Gratiskondome verteilte, ein pissender Mann und knöchellange Röcke und um die Hüfte gebundene Kapuzenpullis und lange schwarze Zöpfe über großen Rucksäcken, Plastiktüten in der einen Hand, Kippe in der anderen und Gekreische und Gewoohooe, und Milo kam nach ein paar Minuten zurück und rief »Umsonst!«. Er liebte alles, was es umsonst gab. Hatte zwei Plastikbecher mit Wasser dabei und einen irren, in Schokolade getunkten und frittierten Butterteig, er reichte mir einen Becher und stellte mit einem Lächeln fest: »Du bist betrunken.« Und ich biss von dem Frittierten ab und dachte Abgrund, Abgrund, Abgrund.

ES IST SONNTAG. Und ich denke: Ich sollte beim Amt anrufen. Bescheid sagen, dass ich keine Aufträge mehr habe, dass ich in der Klemme stecke, dass ich Luft zum Atmen bräuchte, Zeit, um eine Veränderung zu planen, die Branche zu wechseln. Ich ahnte es ja eigentlich. Ich weiß noch, wie der Chefredakteur während eines meiner wiederkehrenden Einsätze als Schwangerschaftsvertretung vor einer Powerpoint stand – so eine, die in albernen Kreisbewegungen rein- und rauszoomen kann – und sagte, dass »den Fall der Berliner Mauer auch niemand vorhersehen konnte« und dass eine Maschine wohl bald den Pulitzer-Preis gewinnen werde, das hätten Forscher in Oxford jetzt herausgefunden. Ja, die hätten alle möglichen Tests durchgeführt, und in vielen Fällen gebe das Publikum an, dass digital generierte Texte sogar *lesenswerter!* seien, sie würden schneller und billiger generiert, und das werde ein Befreiungsschlag für uns alle, und ich müsse mir offensichtlich eine andere Beschäftigung suchen. Ich vermisse meinen Laptop. Hole mein Handy hervor. Klicke mich durch Stellenanzeigen. Massiere mich mit meinen Fingern zwischen den Augenbrauen: Bin ich Systementwicklerin? Sieht so aus, als würden sie da draußen nur nach Systementwicklern suchen; das und Systemverwalter und Vorschullehrer und pädagogische Leiter, und ich kann mich nicht daran erinnern, dass ich in der Schule irgendwas darüber gelernt hätte, ein System zu verwalten – geschweige denn zu entwickeln – wir haben Ibsens *Wildente* gelesen, ich erinnere mich an Hedvigs Augenerkrankung, dass die Wahrheit gefährlich ist, ich erinnere mich an meine bunt zusammengewürfelten Fächerkombinationen an der Uni, die gar nicht mehr angeboten werden, nach diversen Reformen durch Bildungsminister, die Statuen ihrer selbst auf dem Campus wollten. An den Unterschied zwischen dorischen und ionischen Säulen. An Tizians *Madonna mit Kaninchen* (1530), dass dies ein Symbol der Reinheit war, doch ich bin in keinster Weise befugt, an einer Klinik zu arbeiten, keine Praxishelferin beim Zahnarzt, ich bin kein Klempner, kann gar nicht so genau sagen, ob ich mir einen spannenden Job mit Aufstiegschancen wünsche, weiß nicht, ob mich qualitativ hochwertige Leistungen motivieren und habe keinen blassen Schimmer, was ein Rasensprengeroperateur macht; ich bin nicht von dieser Welt, gehöre nicht in diese Zeit, ich bin unerwünschte Kompetenz, weggeschoben, aussortiert. Ich klicke die Stellenanzeigen weg. Verschlinge vier Folgen *Game of Thrones*. Kriege Hunger, weigere mich aber immer noch, vor die Tür zu gehen, also bestelle ich per App ein Pad Thai beim Lieferservice (170 Kronen), setze mich aufs Fensterbrett, mit Stäbchen und Servietten und einer Cola-Dose, aus der ich die Kohlensäure geschüttelt habe, damit mein Magen sie besser verträgt, und starre hinunter auf die Straßenecke. Hollendergata. Grønlandleiret. Wo er wohl rumsteht? Stürze die Cola hinunter. Übertrieben viel Koffein kann meinem Phänomen auch den Garaus machen. Das denke ich, den ganzen Sonntag. Ich denke, ich könnte mir vielleicht eine Sonnenbrille aufsetzen, einen Kapuzenpulli überstreifen, die Treppe runterlaufen, durch den Hofeingang, und mich für einen Schnelleinkauf von Zitronen und Zimt tarnen, Zimt, ja, Zimt in rauen Mengen, ich streue ihn auf alles, was ich esse, und blute das Ding aus, wie sie es auf den Blogs für die saudi-arabischen und salvadorianischen Frauen beschrieben haben, denen das Nachdenken nicht einmal angeboten wird. Eines denk ich noch: je früher, desto besser. Sonst sitz ich plötzlich da, und die Frist ist vorbei. Plötzlich hab ich zu lang nachgedacht, plötzlich bleiben mir nur noch Kleiderbügel, als würde ich irgendwo im gottverlassenen Texas oder Louisiana oder Indiana leben, wo ich dazu gezwungen werde, wegen dieser Entscheidung Gedenkstunden abzuhalten und einen Grabstein zu errichten. Ich zähle: 70 Stunden, bis ich in der Gemeinschaftspraxis im Markveien auflaufen darf und Ole-Morten berichten kann, dass ich fertig gedacht habe, dass ich den kurzen Prozess will, dass ich sechs ganze Tage nachgedacht habe, obwohl mir nur drei vorgeschrieben sind, dass ich nachgedacht habe, bis mein Hirn das akute Verlangen nach Staubsaugen verspürte, nachgedacht, bis mir die Schläfen bis zum Zerbersten schmerzten, nachgedacht, und nur unterbrochen wurde, als das Telefon plingt.

Mir wird ganz kalt.

Ich hab jetzt keinen Bock auf Milo.

Ich ziehe die Gardinen zu und spüre, wie sich seine Ungeduld unter meine Haut schleicht – was will er von mir? Wie werde ich ihn los? Soll ich ihn einfach ignorieren? –

gleichzeitig überkommt mich ein Hauch von Mitgefühl. Mir fällt wieder ein, was meine Mama einmal sagte: *Denk dran, dass Jungs auch nur Menschen sind*, und denke: Das hab ich mir alles selbst eingebrockt. Man kann ihm nicht vorwerfen, dass diese Blondine einfach auf das Herz auf seinem Bild drückt und matcht und chattet und sich mit ihm trifft und dann auch noch mit ihm nach Hause geht – man muss ein Nachsehen mit ihm haben, der arme Kerl, er wurde benutzt, er wurde verleitet, und jetzt ist er hier, in dem beschissensten Land, in dem man Tourist sein kann (das Schloss wurde von einem König erbaut, der an Prunk kein bisschen interessiert war, und die Oper ist nur eine blasse Kopie von der in Sydney), hätte ich ihm den Holmenkollen auf einer Karte einzeichnen sollen? Ihn in eine Straßenbahn Richtung Skulpturenpark setzen? Ihm vom Keller unter dem Plattenladen in Gamlebyen erzählen sollen, davon, dass man in der Bäckerei nebenan den Schlüssel für den Raum kriegt, in dem Count Grishnackh den Bassisten von Mayhem ermordet hat? Das ist wohl das Mindeste, was ich tun kann. Ich muss ja nicht noch mal mit ihm vögeln. Zwei Küsschen auf die Wange, eins links, eins rechts, das war's, so weit kann ich gehen. Ich lege die Stäbchen weg und wage mich vor zu meinem Telefon. Dort liegt es und leuchtet auf der Arbeitsplatte in der Küche.

Und mein Herz macht einen Satz, als ich die Nachricht sehe.

Der Klumpen in meinem Brustkorb löst sich, Blut strömt durch mich hindurch, und meine Hände beginnen zu zittern.

»Sorry, dass ich so spät antworte …«, steht dort.

Ich nehme das Handy, setze mich auf die Bettkante, bevor ich den Rest der Nachricht lese.

»Auf dem Weg ins Empire. Muss am Dienstag drei Stunden in unserem heiligen Schiphol totschlagen. Skype?«

LUKAS (NACHDENKEN: TAG 2)

LUKAS. Schon bei unserem ersten Treffen vor sieben Monaten habe ich gedacht: Es ist okay, dass es wehtut.

Es war in einem dieser Läden, wo der Espresso 39 Kronen kostet.

Er bezahlte, obwohl ich ihn eingeladen hatte.

Er sagte Dinge wie »Hast du Althusser nicht gelesen? Das musst du. *Contradiction and overdetermination*«, und seine Fingerspitze war ziemlich nah an meiner.

Ich interviewte ihn zu zeitgenössischen Tendenzen, für so eine verkrampfte Kolumne, die versucht, das gute Gespräch aufrechtzuerhalten, und wir sprachen über den Grexit und den Brexit und Departugal und Italeave und Czech-Out und alle möglichen Wortspinnereien zu den unilateralen Beschlüssen, die Europäische Union zu verlassen, und er spekulierte über Endzeitszenarien (»Wer weiß, vielleicht werden wir Zeuge eines ähnlich reaktionären Rückzugs wie jenem, der auf Gavrilo Princips schießfreudigen Augenblick in Sarajevo folgte? Ein Schuss. Mehr braucht es nicht, um Europas Söhne in Schlamm versinken zu lassen«), und ich weiß noch, dass der Träger meines BHs sich verdrehte und sich die Öse am Träger in die Haut hineinbohrte. Ich hatte das dringende Bedürfnis, eine Toilette aufzusuchen, um ihn zu richten, aber ich hatte Angst, da schon, ihn aus den Augen zu verlieren. Als ich mich später an diesem Tag im Spiegel betrachtete, musste ich feststellen, dass sich an meiner Schulter eine rote, wunde Stelle gebildet hatte.

Für das Gespräch mit ihm sollte ich 3000 Kronen bekommen. Es waren rein professionelle Gründe, die dazu führten, dass ich ihn am nächsten Tag anrief, um ein paar Fragen zu klären. (Ich hatte die ganze Nacht wach gelegen und gelesen.) »Ach, hallo, nur eine Sache, die ich mich gefragt habe: Da du den Nationalstaat ja als überholt bezeichnest und der Meinung bist, dieses Konstrukt habe in der heutigen Zeit als Rahmen für progressive demokratische Reformen ausgedient, wie erklärst du dir die rosa Welle in Lateinamerika des letzten Jahrzehnts, die – in Bezug auf konkrete materielle Probleme, spezifisch für jedes einzelne Land – Hugo Chávez, Evo Morales, Rafael Correa und Christina Kirchner bei den jeweiligen Wahlen in Venezuela, Bolivien, Equador und Argentinien unbesiegbar machten?«

Ich weiß nicht mehr, was er antwortete. Nur, dass er sich von nichts und niemandem aus dem Konzept bringen ließ.

Dass er mir von Correas genialem Schachzug erzählte: Der hatte sich geweigert, illegitime Auslandsschulden zu bezahlen, dafür gesorgt, dass die Schuldpapiere als Schrottpapiere gehandelt wurden – und sich dieselben Anleihen zu einem lächerlichen Preis zurückgekauft. Wenn Lukas sprach, war es wie ein Ballett. Ein konzentriertes Zentrum, das alle Überlegungen beisammenhielt, kein Orkan würde ihn wegpusten können, er wusste alles, er konnte alles. Er wusste, dass das Alte Testament jedes siebte Jahr einen Schuldenerlass veranschlagte. Er wusste, dass bei den Dreharbeiten zu *Free Willy* neun Wale starben. Er hatte das komplette *The General Theory of Employment, Invest and Money* von John Maynard Keynes gelesen – nicht etwa nur Auszüge –, und er wusste, dass »Keynesianer gut darin sind, zu sagen, wie die Dinge gemacht werden müssen, worin sie allerdings *nicht* gut sind, ist, zu erklären, warum Dinge oft nicht so gemacht werden, wie sie sollten, warum der einzelne Kapitalist beispielsweise nicht groß daran denkt, wie man den Kapitalismus vor sich selbst retten kann, sondern lieber an den Gewinn. Und hier kommt Marx ins Spiel.« Er wusste, wovon er sprach, als er vom »Doppelcharakter der warenproduzierenden Arbeit« sprach. Er wusste, dass Friedrich Engels Karl Marx im Jahr 1848 angerufen und gesagt hatte: »Komm schon, wir machen's *jetzt*!« – und natürlich rief er nicht an, denn das Telefon wurde erst 1876 erfunden (auch das wusste er!), aber wir konnten es uns vorstellen – woraufhin Marx gehustet hatte und mit schlechten Ausreden kam, um nicht mit rauszumüssen. Er wusste, dass Mao ungefähr hundert Jahre später den Marxismus mit dem Taoismus verpanschte und so den Maoismus formte, und dass man erst, wenn man ihn las, verstand, wie östlich diese Denkweise eigentlich war. Ja, wie viel Yin und Yang man eigentlich in Lenins Auslegung »Dialektik ist die Lehre dessen, wie Gegensätze identisch sein können« finden konnte, genau wie auch der Gegensatz der Kern der Zen-Lehre ist, eine Studie der Leere, eine Praxis der Leere, die man nicht mit dem Nichts verwechseln darf, nein, Leere ist nicht Nichts, Leere ist etwas und das Nichts ist *bedingt*, das ist eine Negation und deswegen bezeichnen die Philosophen dies lieber als *Nicht-Sein*. Sie sprechen tatsächlich nie über das Nichts. Und übrigens – apropos Yin und Yang: Ob ich wüsste, dass das Wort *nothing* im elisabethanischen Zeitalter Slang war für Vagina?

Er: »Kein Witz. Penis war *thing*, Vagina war *nothing*. Ganz schön sexistisch.«

Ich: »Und was sagt uns das über Shakespeares *Much Ado About Nothing*?«

So landeten wir in seinem Bett.

DORT LAGEN WIR noch, als er mir half, eine SIM-Karte in mein neues Telefon zu schieben, und sagte: »Das ist eine echte Kunst, weißt du: herauszufinden, welches Gespräch eigentlich von Sex handelt.«

Zu wissen, welche Fingerspitze eigentlich eine Einladung zu mehr ist.

Was ist Zufall, was ist Annäherung?

Also seien wir verpflichtet, unser Röntgensystem zu trainieren, meinte Lukas, zu lernen, ein Gespräch auf Subtext zu scannen. Zu verstehen, dass »ja, stimmt, Althusser ermordete seine Frau im Jahr 1980« eigentlich »ich frag mich, wie du wohl nackt aussiehst« bedeutet. Zu wissen, dass »seine Fans mussten dann in die Klapsmühle pilgern, in der er in den nächsten Jahren sein Dasein fristen musste« eigentlich »ich habe Lust, zwischen deinen Schenkeln aufzuwachen« bedeutet.

Ich will dich lecken, beißen, ficken.

Ich will, dass du genauso oft in mein Bett kommst wie in meinen Facebook-Feed.

Er fuhr fort: Das ist eine aussterbende Kunst. Der Anfang vom Ende kam 2009, als wir das Nachbeben der Finanzkrise spürten und jemand Grindr (»diese Homo-App?«) auf den Markt brachte, die Heteros es mit Tinder nachmachten und wir das Ende der Subtilität und das Ende der Zivilisation mit ansehen mussten, ja, was unserem tiefsten Verlangen zur Erfüllung verhelfen sollte, war eine oberflächliche App ohne Tiefen. Um es mit anderen Worten zu sagen: Wo blieb der Subtext? Wo blieb das Rätseln? Wo blieb das Abwarten? Wo blieb die Qual? Wahre Liebe braucht eine *Zeit in der Hölle*, paraphrasierte er einen Dichter, an dessen Namen ich mich nicht mehr erinnern kann, und dieser Mangel an Zugeständnissen hatte mir nie gefallen. Zum Beispiel, als er eines Tages einen Pfannkuchen umdrehte, nur mit einer Boxershorts bekleidet, und Dinge sagte wie: »Es gibt nur noch eindimensionale Beziehungen.« Es ärgerte mich, dass ich die Klappe hielt, obwohl ich wusste, dass er falschlag. Ich machte nichts weiter, als zu versuchen, ihn zu entschlüsseln. Entschlüsseln und abwarten. Und apropos Eindimensionalität: Hätten wir nicht einmal, für einen Abend, seine Beamerwand verlassen und lieber im Colosseum einen Film mit 3D-Brillen sehen sollen? Sollten wir nicht auf Partys gehen, aus dem Augenwinkel den Blick des anderen verfolgen? Uns per Snapchat auf dem Klo verabreden? Sollte ich nicht auf einige dieser 250 Reisetage per Jahr mitkommen können? Im Plaza einchecken? Geld ausgeben, das wir nicht hatten? Klamotten kaufen und in der Umkleidekabine rummachen?

Genau da bemerkte ich, wie wechselhaft er war.

Er ging von wortreich über zu kurz angebunden, und ich musste es über mich ergehen lassen, die Leerstellen mit dunklen Gedanken füllen, mir vorstellen, dass ein gemeinsamer Freund von uns gestorben wäre, damit wir uns bei der Beerdigung gegenseitig Halt geben könnten. Zusätzlich zu folgender Sünde: Ich wurde viel zu available für ihn, eifrig mit meiner Analyse beschäftigt, und ich klammerte mich an den wenigen greifbaren Details fest, die er mir anbot.

Dass er es hasste, Kaffee aus einem Glas zu trinken. Dass er sich bei einer Lesung nach genau 20 Minuten Snus unter die Lippe schob.

Dass er seinen Tee nicht trank, wenn jemand Milch dazu gegossen hatte, bevor der Teebeutel rausgenommen wurde.

Dass er keinen Koriander vertrug.

Ich stellte mir ein Leben ohne Koriander vor.

Es war absolut möglich, sich das vorzustellen. Ich hatte mich über Korianderaversion informiert, ein Phänomen, das anscheinend von den Amerikanern genauestens studiert wurde, Menschen, denen von Koriander übel wird, haben ein bestimmtes Enzym, das anderen fehlt, für diejenigen schmeckt Koriander sehr stark nach Seife, und dieses Enzym war eins von vielen Teilchen. Ich wollte ihn zusammenpuzzeln. Welche anderen seltenen Enzyme hatte er wohl? Ich ging soziologisch und therapeutisch an die Sache heran. Welche Rolle spielte es, dass seine Mutter Psychologin, sein Vater ein an der Osloer Gemeindefakultät ausgebildeter Antiquar und seine Großmutter eine Krankenpflegerin aus Molde war, mit einer hartnäckigen Abneigung gegenüber der Bezirksregierung? Welche Rolle spielte es, dass er als Elfjähriger in Disneys Kleine Meerjungfrau verliebt war? Oder dass seine Ex am Baugerüst vor seinem Haus hochgeklettert ist, um zu spannen? Und welches Sternzeichen war er eigentlich? Das könnte ja was bedeuten. Wie reagiert eine Jungfrau auf äußeren Stress? Zog er sich noch mehr zurück, oder war er der Typ, der einen kleinen Push brauchte?

Dann kam eine Mail.

»Ist ganz schön in Tiflis, ziemlich anders. Was ist bei dir so los?«

Seine Wortwahl ärgerte mich.

Ganz schön? Wie platt, wie ungenau – gab's über Georgiens Hauptstadt nicht mehr zu sagen, über Stalins Geburtsland, hatte er keine Anekdoten auf Lager? Keinerlei Anstrengung? Kein Bemühen, Bilder entstehen zu lassen, mir das Gefühl zu geben, ich wäre dort gewesen – mit ihm?

Ich selbst wog jedes Wort ab, in jeder einzelnen E-Mail.

Ich kopierte sie in ein Word-Dokument, zählte Zeichen, löschte, schrieb sie doch wieder hin, redigierte und las Korrektur. Das fraß Zeit. Und besonders viel Zeit ging dabei drauf, es so aussehen zu lassen, als hätte ich überhaupt keine Zeit darauf verwendet.

VIELLEICHT KONNTE ER meine Angst riechen? Als wir das zweite Mal miteinander schliefen, sagte er es zum ersten Mal: »Das muss das letzte Mal sein, das wir das hier machen.« Nachdem unsere Affäre fünf Wochen und neun Mails alt war. »Ich hab das Gefühl, das mit uns bedeutet dir mehr als mir«, fügte er hinzu. Was ich abstritt. Total. Wie sollte es denn möglich sein, dass ihm das alles *weniger* bedeutete? Ich hatte keine Zeit für einen Freund, ein Freelancer muss immer gewappnet sein, außerdem: Wer will denn schon ein Pärchen sein? Das Paar ist Komik, schrieb Simone de Beauvoir. Das Paar ist platt, es ist Slapstick, es sind zwei geizige Wirtshausinhaber, ein dicker und ein dünner, es ist eine Comedyserie um halb vier am Nachmittag, in der nervige Schwiegermütter zu den unpassendsten Zeiten zu Besuch kommen, es gibt Zankereien über den Abwasch, Haarnetze und Papilloten, zwei Menschen, die sich für den Rest ihres Lebens gegenseitig fragen, was sie zum Abendessen wollen, zwei Menschen, die im Restaurant ins Nichts starren, weil sie sowieso schon wissen, was der andere sagen will.

ALLES, WORAN ICH dachte: wie er abspritzte, sich zur Seite rollte, einschlief.

War ich so erbärmlich? War es mein Bäuchlein? Meine Schamlippen? War er sauer, weil ich keinen Orgasmus hatte?

Na klar, Männer wollen Frauen, die jauchzen und beben und vaginal johlen. Oder andersrum. Männer wollen Frauen, die sich zurücknehmen, die sich selbst für Trophäen halten. Deshalb wollte ich ihn ärgern. Ihm die Tausende von Jahren Unterdrückung der Frau heimzahlen, und dass er mich ständig mit »Ich meld' mich« zappeln lässt. Ich weiß noch, wie ich in den Morgenstunden dalag und dachte: Ich wette, dass er Musicals hasst. Also weckte ich ihn mit »Good Morning Starshine« aus *Hair*. Und hatte recht. Er grunzte, stand auf, rauchte eine am Fenster und beschwerte sich über den Regen. Dann machte ich »Tomorrow« von *Annie* an. Er lachte höflich, drückte die Kippe aus und ging in die Dusche, und als er wieder rauskam, bestand ich auf die tighten Takte von *A Chorus Line*:

»Komm schon – Jazz Hands!«

»Ich muss in ein Meeting, Süße«, sagte er, drückte mir einen Kuss auf die Stirn und eilte hinaus.

Er ignorierte meine vorsichtig entschuldigende, vorsichtig flirtende Nachricht, die ich ihm zwei Stunden später schickte, und die nächsten Tage informierte ich mich über das Dopamin- und Prolaktinlevel bei Männern nach dem Geschlechtsverkehr.

DANN WURDE ER warmherziger, dann kamen die Details. Dieser Leberfleck sieht aus wie Italien, oder? Diese Narbe ist von einer Blinddarmoperation – der ist mir geplatzt, als ich gerade in einen Flieger steigen wollte, die Magenschmerzen verschwanden, und ich hatte plötzlich so eine Ahnung, dass irgendwas los war. Ich fragte ihn, was der Fisch in der Bibel symbolisierte. Ich wusste, was der Fisch in der Bibel symbolisierte, und fragte ihn trotzdem, und als ich mich wunderte: »Wie kriegst du deine Linsen so schnell rein, ohne dich zu konzentrieren?«, antwortete er: Wie bei allen Herausforderungen im Leben – du musst dich entspannen. Dann biss er mir in den Nacken. Er leckte meine Achseln. Er strich mir über die Lenden. Sagte, ich könnte dich die ganze Nacht lang anfassen, und er kitzelte, piekste, warf mit Kissen, schloss das Fenster, wenn ich fror, massierte mir die Füße, wenn die Blutzirkulation mich im Stich ließ. Und wir verließen die Wohnung. Tranken Drinks mit Chili drin, aßen Wasabinüsse und meine Atemwege öffneten sich, und die Weltgeschichte öffnete sich, und alles Weitere war vage und außerhalb des Fokus, ich wollte atmen, ich wollte Deadlines einhalten, Artikel fertig schreiben, und alles, jede Idee, die mir kam, jeden Gedanken, der mir einfiel, wollte ich ihm erzählen. Jeden Song, den ich hörte, wollte ich mit ihm teilen, ich wollte, dass er alles sah, was ich sah, ich wollte sein Profil berühren, während er schlief, mich in jedes einzelne Enzym hineinbohren, wollte ihn bis ins letzte, hüpfende, unberechenbare Elektron studieren, und immerzu, in einer kleinen Ecke in meinem Hirn, notierte ich zu jeder Zeit, wo ich ihn gerade vermutete, wenn ich in diesem Moment nicht vor der Beamerwand mit meinem Kopf auf seiner Brust lag. Wenn wir uns nicht gerade gegenseitig ablenkten, indem wir uns mit Nachrichten bombardierten. Oder uns im Bett gegenübersaßen und in Unterwäsche *Scotland Yard* spielten, und ich verlor. Ich war immer die drei Polizeibeamten, er war der Schurke, und ich musste herausfinden, wo er sich aufhielt. Alle vier Runden tauchte er irgendwo auf, wie es in den Spielregeln stand, Liverpool Street, Blackfriars, Whitehall, er hatte einige unsichtbare Runden mit der Metro, dem Taxi und der Fähre gedreht und wurde plötzlich auf der anderen Seite der Themse gesichtet. Wie war er da hingekommen? Dann verschwand er wieder ins Nichts, und da saß ich, ganz allein mit meiner Spielfigur, dem Brett und dem ganzen beschissenen London.

AN EINEM VERREGNETEN Januarwochenende fuhren wir wirklich nach London, an einem der 250 Reisetage im Jahr. Ich saß mit meinem Laptop in der Brick Lane, er redete in einem feuchtkalten Seminarraum, und abends sahen wir einen urbanen Fuchs, der am Euston Square die Straße überquerte, und an dem halben Tag, den wir beide freihatten, gingen wir ins Cereal Killer Café, einfach nur, weil es von ein paar Kids aus Protest gegen die Gentrifizierung demoliert worden war. Das Café wurde von eineiigen Zwillingsbrüdern betrieben, sie verkauften ein Schüsselchen Cornflakes für sieben Pfund, und über dieser Schale Cornflakes wollte ich die Zeit stillstehen lassen. Wollte mit ihm in diesem Snapshot von Glück verweilen.

Was ist das beste Zitat aus *Hey Ya!*?

Shake it like a polaroid picture.

Und plötzlich war ich im Spiel.

Weshalb ich mich traute, ihn eines Abends, als wir wieder zu Hause waren, zu fragen:

»Warum hat es sechs Tage gedauert, bis du auf meine letzte Mail geantwortet hast?«

Er beschwichtigte mich, irgendwie. Er beugte sich hinunter zu dem lila Regalfach seines Nachttischs und holte ein Buch hervor, die gesammelten Liebesbriefe von Albert Einstein und seiner ersten Frau Mileva Marić, die sie sich während ihrer Liebelei Ende des 19. Jahrhunderts geschrieben hatten – das Jahrhundert, in dem die Liebenden nichts anderes taten, als aufeinander zu warten, zu sticken und Zeiten der Hölle verstreichen zu lassen. Dieser Briefwechsel setzt das Zeitverständnis des modernen Datings in anderes Licht, sagte er. »Schau mal, hier, zum Beispiel.« Er blätterte zu einem von Milenas Briefen, datiert mit dem 20. Oktober 1897, in dem sie von der Vorlesung Professor Lenards und der Kinetischen Wärmetheorie der Gase sprach, um mir dann das vielsagende Datum von Alberts Antwort zu zeigen: 16. Februar 1898 (Zürich).

»Es sind also – lass mich mal nachrechnen – vier Monate vergangen!«, rief Lukas, und ich riss ihm das Buch aus den Händen und überflog diese kuriosen Briefe. Mileva nannte Albert John. Er nannte sie Dollie, und in seiner Handschrift war – entgegen meiner Vermutung – nicht die Spur von Asperger zu erkennen. Nein, er neckte sie, er taktierte zwischen Höflichkeit und liebevoller Stichelei, und niemals benutzte er platte Formulierungen wie »schön«. Er schrieb davon, wie er ihren Brief mehrfach und alleine für sich las, und ihn dann »schmunz-lächelnd« einsteckte. Und die lange Wartezeit, die vier Monate, schienen dank Alberts ausführlicher Schilderungen, sei es des Aufbegehrens gegen ihre skeptischen Eltern, seine Karrieresorgen, welche Leere er ohne sie empfand, oder dass er sich bei der Untersuchung des Thomson-Effekts einer Technik bediente, die ihrer Methode zur Bestimmung der Abhängigkeit zwischen k und T zugrunde lag – was auch immer das bedeutete –, plötzlich wie im Flug zu vergehen.

»Aber da wir heutzutage mit sehr viel moderneren Kommunikationsmitteln ausgestattet sind«, warf ich ein, »würde ich einfach mal davon ausgehen, dass es mit uns vorbei wäre, wenn ich vier Monate lang nichts von dir höre.«

Daraufhin konfrontierte er mich mit einer nicht gerade kleinen sokratischen Ironie: »Kann etwas vorbei sein, was nie begonnen hat?«

NACHDENKEN: TAG DREI

»ANSCHEINEND SIND WIR heute alle in Schiphol versammelt ... Ich schwöre, er ist gerade an mir vorbeigegangen. Scheiße, wie hieß denn dieser letzte IWF-Chef noch mal? Der dieses Zimmermädchen bestiegen haben soll?«

Das ist das erste Mal, dass ich auf meinem Handy ein Skype-Gespräch führe.

»Strauss-Kahn?«

»Strauss-Kahn! Ja, der ist gerade an mir vorbeigegangen. Er war's. Die Welt ist ein Dorf ...«

Dann friert Lukas auf meinem Display ein. Nicht gerade in einer schmeichelhaften Pose: sein Ohr verschwindet hinter dem schwarzen Fleck, das Bild ist pixelig, seine Augen halb offen, sein Mund schief, ein Zigarettenstummel liegt in einem Aschenbecher mit Flughafenlogo, und eine verschwommene Hand ist gerade dabei, Zucker in einen Espresso zu schütten, und ich kann mich nicht wehren. Ich kann den Papa in ihm sehen. Denke: Ob er einen Reißverschluss genauso behutsam zumachen würde, wie er jetzt den Espresso umrührt, ohne zu kleckern?

Wäre er so einer, der vom Training abholt?

Ins Technische Museum mitgeht?

Sich darüber echauffiert, dass das Fahrrad so angeschlossen wurde, dass es leicht zu stehlen ist; der zum wiederholten Male beim Umzug hilft, Lampen montiert, Geld überweist, ohne dass drum gebeten wurde?

Ist er das?

Das Bild hakt. Ein kreischendes Geräusch. Sein Arm bewegt sich leicht, dann gefriert das Bild wieder. Nein, das ist er nicht.

Er wäre abwesend und selbstbezogen, eitel und unzuverlässig, ein schattenhaftes Elternteil – aber den Gedanken vergess ich sofort, als er sich wieder bewegt, seine Augen sich aufsperren, er hat sich währenddessen eine Zigarette angezündet und ich denke: diesen Blick einfrieren. Mit ihm in die unabsehbare Zukunft reisen. Erst jetzt wird mir bewusst: Meine Gebärmutter ist eine Waffe.

(»Krasse Sache. Ich hab neulich schon gedacht, dass es seit einigen Jahren erheblich leichter ist, in die Honigfalle zu tappen.«)

Klar, darum karikieren Rassisten schwangere muslimische Frauen mit tickenden Bomben im Bauch.

(»Man muss nur die Verabredung einhalten, und schon fallen Spitzenpolitiker gerne über dich her.«)

Aus dem Grund schoben serbische Soldaten in den Neunzigern den Frauen in den Vergewaltigungslagern Munition in den Unterleib.

»Aber wie geht's dir? Du hast gesagt, du willst über irgendwas reden?«

Ich sehe mich selbst in dem kleinen Fenster unten in der Ecke.

»Hab ich das?«

Sehe, wie er die Stirn runzelt.

»Du hast mir doch vorm Wochenende 'ne Nachricht

geschrieben. Du wolltest reden ... da stand: nichts Schlimmes.«

»Ich weiß nicht, Lukas ...«

»Warte kurz, es hakt« – und wieder stockt sein Bild. Fünf Sekunden, zehn Sekunden, zwanzig, dreißig, der Zigarettenrauch ist über seinem verschwommenen Blick festgefroren, und ich hasse dieses Bild. Dass er in einem Flughafenpub raucht, als wäre es das Natürlichste der Welt. Dass in mir drin heimliche Prozesse ablaufen, dass Ole-Morten der Einzige ist, der in diese Heimlichkeiten eingeweiht ist, und dass er es ist, und nicht Lukas, mit dem ich am Mittwoch verabredet bin.

OB ICH'S IHM gesagt habe? Wie hätte er reagieren sollen? Ich wette, so: Er hätte es in eine philosophische Übung umgewandelt, hätte gefragt, was ist schon Leben? Ich kann ihn hören, wie er darüber doziert, dass Aristoteles das Konzept der Atome abgelehnt hat, weil er nicht akzeptieren wollte, dass der Mensch aus seelenlosen Teilen besteht – bevor er hinzufügt: *Was für ein sentimentaler Typ, dieser Grieche!* Welche Sentimentalität uns antreibt! Dass Föten menschenähnlich seien, unterstütze die katholische Sache nur, aber sie würden niemals zugeben, dass sie lediglich Form sind, sie denken nicht, sie fühlen nicht – haben sie dir gesagt, du sollst nachdenken, Süße? Ich kann hören, wie er es sagt: Hat die Obrigkeit dir einen Denkbefehl angeordnet? Sieh es als Segen! Der Traum eines jeden Denkers! Sieh es doch so, Hedda: Denk mit gutem Gewissen nach, ja, denk es tot; denk an all die Millionen Individuen, die zu *nichts* werden, weil sie in Latextütchen aufgefangen und in den Müll geschmissen, vom Laken gewaschen, mit Weichspüler vermengt werden, überleg dir doch mal die Tatsache, dass individuelle Zellen, das, was Biologen als Bausteine des Lebens bezeichnen, entstehen und einfach so sterben, dass jede Zelle deines Körpers, wenn du lange genug lebst, von einer neuen ersetzt wird, aber dass *du* trotzdem weiterlebst, während das, woraus du einst geformt wurdest, beim (un)glücklichen Zusammentreffen deiner Eltern, unwiederbringlich ist wie der Tod. Überleg doch mal: Was ist in diesem Stadium am lebendigsten? Der Embryo oder deine eigene Fantasie? Versteh mich hier nicht falsch, ich weiß um die Macht der Fantasie, ich weiß, dass sie Leute in den Krieg gegen Windmühlen schicken kann, sie schafft Volksbewegungen, ruft Wonnespasmen hervor – denn trotz allem ist ja wissenschaftlich bewiesen, dass Gebete helfen. Es ist unglaublich, wozu die Fantasie imstande ist. Aber wenn die möchten, dass du nachdenkst, sag ich dir: Nimm das Angebot an! Denk nach, dass es nur so knirscht!

Kann etwas vorbei sein, das nie begonnen hat?

ER ÄNDERT DIE Sitzhaltung, das Bild stockt zum x-ten Mal, er sieht mich an, direkt in die Kamera, nicht auf sich selbst, und ich höre, wie er denkt, so laut wie die Geräusche in einem Wartezimmer, seine Stimme hinter dem Kratzen, Hacken, und ich verachte ihn und mich selbst dafür, dass ich denke:

Für dich würde ich mir Essig in die Gebärmutter spritzen.

Abrutschen.

Stattdessen die Harnblase treffen, Probleme mit den Nerven kriegen, endogene Komplikationen und epileptische Anfälle, das ist ein Angebot, das du nicht ablehnen kannst – siehst du?

So sehr liebe ich dich.

Er loggt sich in den Chat ein.

»Süße, wir boarden gleich.«

Mein Körper ist deinetwegen entzündet und aufgeblasen.

»Ich muss in 5 min am Gate sein.«

Du bist ein gigantischer Splitter unter meiner Haut.

»Kein Problem.«

Meine Hand zittert, während ich schreibe, dass es nichts Wichtiges war, aber trotzdem schön war, von ihm zu hören.

Ein Smiley mit herzförmigen Augen poppt im Chatfenster auf, und ich mache einen Screenshot. Dann erzähle ich ihm vom Nussallergiker, dem Sturzflug und meinem Rollkoffer, der wegen eines Streiks am Flughafen Athen festhängt.

Er schreibt: »LOL«.

Schickt Kuss-Emojis, beendet das Gespräch, und ich spüre ihn in meinen Lymphdrüsen, in meiner Hüfte, mein Körper ist dabei, ihn auszuschwitzen, ich durchwühle meine Küchenschränke, und schließlich finde ich eine abgelaufene Nitrazepam, die ich trocken runterschlucke, doch nach ein paar Stunden muss ich feststellen, dass sie genau den gegenteiligen Effekt hat, sie saugt jegliches Schlafpotenzial aus mir heraus und entzieht mir stattdessen Feuchtigkeit. Sie bestraft mich mit Magenbeschwerden und einem Tornado an Gedanken.

DIE MARKVEIEN GEMEINSCHAFTSPRAXIS

GEGEN ZWEI UHR nachts postet jemand einen Artikel über das Kleinhirn. Ich denke, dass man keine schwerwiegenden Entschlüsse fällen sollte, wenn die Titelseiten aller Zeitungen *Terrorgefahr!* verkünden; man sollte die Polizei nicht bewaffnen, man sollte nicht in andere Länder einfallen, keine Eildekrete ausstellen, nicht auf schicksalhafte Knöpfe drücken – man muss Entscheidungen mit kühlem Kopf treffen, und als ich aufstehe und mich so eingetrocknet fühle, wie man sich nach der Einnahme von Pillen nur fühlen kann, geschlafen hab ich trotzdem nicht, denke ich, ich habe immer noch Zeit.

Ich denke: Ich bin in der sechsten Woche, und ich habe noch nicht gründlich genug darüber nachgedacht.

Trotzdem funktionieren Teile meines Selbsts wie auf Autopilot. Saldo: 13 419,–. E-Mails: *Nehmen Sie jetzt bis zu 100 000 Kronen Kredit auf!* Und irgendjemand wartet auf meine Antwort auf LinkedIn. Ich lege mein Telefon weg. Berechne, wie viele Schritte ich bis zur Dusche brauche, fange mit dem richtigen Fuß an, um nicht irgendetwas umzustoßen, und zwinge mich aus dem Bett. Meine Füße tragen mich zur Dusche, ich lass mich einfach treiben, und als mich die lauwarmen Strahlen treffen und über meine Brust laufen, den immer noch – relativ – flachen

Bauch, abgesehen von dem einen Dreißiger-Fettpölsterchen, hinunter, muss ich mich immer noch gegen das selbstgerechte Hirngespinst wehren, das mich die ganze Nacht gequält hat: Ich müsste für das alles hier irgendeine Entschädigung bekommen. Denn der Brillenschlangen-Lazarus Milo kann einfach Richtung Mitternachtssonne (oder wo auch immer er jetzt hin ist) davontuckern, mit seinen ausgewaschenen T-Shirts und seinen Kaczyński-Aufklebern, nach denen ich mich gar nicht erkundigt hatte, aus Angst, er könnte sie gar nicht ironisch meinen, während ich dazu gezwungen werde nachzudenken: Soll ich ein Brutkasten werden oder eine Repräsentantin weiblichen Zynismus', wie diese Moralpredigerin von den Linken – die natürlich Hitler mit in die Diskussion einbringen musste – sich vor ein paar Jahren ausgedrückt hatte? Nachdenken darüber, dass das Denken, diese pfiffige Übung, eine höchst konkrete Deadline ist. Eine erzwungene Begegnung mit Ole-Morten. Eine lästige Verstopfung; ich wurde mit meiner Verdauung total allein gelassen. Wir werden alle mit unserer Verdauung allein gelassen. Erst jetzt wird mir das bewusst. Dass wir damit total alleine sind, auch die, die das abstreiten, ich kann Paare nicht ausstehen, die *nein danke, wir essen keinen Fisch* sagen – ihr teilt verdammt noch mal kein Verdauungssystem! Das ist ein einsamer chemischer Prozess, eine unliebsame Molekülspaltung, eine brutale Sortierung von der Zunge bis in den Darm – wer darf weiter mitkommen, wer muss raus? –, und ich schaffe es nicht mehr bis runter aufs Klo, mir bleibt nur das Waschbecken in der Küche. Kaffeetassen füllen sich mit Kotze. (Lukas: *Ist deine Übelkeit auf dein biologisches*

Schicksal oder deine existenzielle Pflicht, eine Wahl zu treffen, zurückzuführen?) Ich greife nach der Küchenrolle, nur um sie auch vollzukotzen. Und dann stecke ich meine Finger in die Brühe, wie aus einem Instinkt heraus. Ich studiere sie. Schaue nach, ob ich die Sache gleich mit ausgekotzt habe, ob da irgendwo ein Fuß zu sehen ist, die Andeutung eines Rückenwirbels. Dann spritze ich mir kaltes Wasser ins Gesicht.

ICH MALE MIR die Lippen babyrosa, wische mir die Farbe in der nächsten Sekunde wieder aus dem Gesicht, um doch lieber den burgunderroten Lippenstift zu nehmen.

Es geht darum, eine Entscheidung zu treffen und dazu zu stehen. Ich beschließe, dass heute Statement-Tag ist.

Ein Tag für ein erhobenes Haupt: Ich statte sogar der lächerlichen Fahrradbar auf dem Weg einen Besuch ab, die mich mit Tipp-Ex auf der Fensterscheibe darum bittet, ihr auf Instagram zu folgen, und ich denke, dass ich allen Ernstes das Stadtzentrum verlassen muss. Bestelle – wieder auf Autopilot – einen doppelten Macchiato mit Sojamilch, und ich begreif nicht, warum ich mir Sachen kaufe, auf die ich keine Lust habe. Warum ich 45 Kronen hinblättere, warum ich ein Interview mit Griechenlands ehemaligem Finanzminister lese, das jemand aufgeschlagen auf dem Tresen liegen gelassen hat. Er sagt, die Eurogruppe sei wie eine Wurst. Wenn du erst einmal herausfindest, was in ihr drin ist, würdest du sie niemals runterkriegen, und ich kann es riechen, sehe es vor mir, und ich verspüre den Drang, mich wieder übergeben zu müssen, aber ich kann mich noch zusammenreißen, bis ich in die Arztpraxis komme. Hetze in die klinische AntiBac-Toilette. Wo ich spucke, kotze und versuche, den eklig-süßen Lakritzgeschmack in meinem Mund herunterzuschlucken. Ich wische mir die verschmierte burgunderrote Farbe ab. Komme zurück ins Wartezimmer und projiziere meine Gefühle an die cappuccinofarbene Wand. Auf die Quietscheschuhe der Krankenschwester, sie quietscht hin und her, quietsch, quietsch, quietsch, und ich fühle mich provoziert von dem Mann, der neben mir sitzt und Schluckauf hat. Ich fühle mich von dem Ehepaar in der Ecke angestarrt, sie flüstern aggressiv über ihre Abendessenspläne, und auch ihre Vierjährige, die sich den Rock über den Kopf zieht, während sie etwas Unzusammenhängendes vor sich hin brabbelt, kann ich gerade nicht haben, auch nicht die Blondine an der Anmeldung, die Anrufe entgegennimmt und so Sachen sagt wie »weißte«. Wortverschmelzungen wie »weißte« kann ich heute echt nicht ertragen. Ich ertrag's einfach nicht. Auch die ausliegenden Boulevardblätter helfen nicht. Es hilft überhaupt nicht, über die Brangelina-Trennung zu lesen, die keiner hat kommen sehen, über Brads Kampf, mit den verdammten adoptierten Bälgern zusammen zu sein, über Jennifer Aniston, die sagt, es gebe nichts, was sie weniger interessiere, und es hilft nicht, dieses Hochglanz-Geschichtsmagazin zu lesen, das sich nicht entscheiden kann, ob es Streber oder sexuell ausgehungerte Hausmütterchen mit seinem Artikel über Kleopatras Verführung von Marcus Antonius ansprechen will, denn in meinen Ohren steigt der Lärmpegel. Ich kann die Geräusche nicht mehr voneinander unterscheiden, und die Wahrnehmungen in meinen Ohren passen nicht zu denen meiner Augen. Vor mir sieht alles so friedlich aus, wie an einem friedfertigen und harmonischen Ort, aber ich lass mich nicht an der Nase herumführen, ich höre das scharfe Ritschen eines Wartezimmermagazins beim Umblättern, das tiefe Sirren der Neonröhre, die schlurfenden Schritte, sie drängen sich in mich hinein und das laute Poltern der Vierjährigen, der die Bausteine aus der Hand auf den Boden fallen, sie donnern an meinem Trommelfell, und dann kommt Ole-Morten.

MIT EINEM VIEL zu kurz geschnittenen Pony steht er in der Tür und lächelt mich empathisch an, und meine Füße tragen mich Richtung Entscheidung, sie übernehmen die Kontrolle, und ich lass mich einfach treiben, als wüsste ich, was ich hier tue, als wäre ich ein Mensch, der daran gewöhnt ist, das zu tun, was er will, und nicht das Gegenteil. Als wäre ich nicht der Typ, der 45 Kronen für ekelerregende Kaffeespezialitäten bezahlt. Als wäre ich nicht der Typ, der sich ein Bier ausgeben lässt, obwohl er lieber Cocktails mit Chili trinkt. Als würde ich meinen Friseur in Mandal nicht anlügen, um keine peinliche Stille entstehen zu lassen, als würde ich keine SMS verschicken, die ich in der nächsten Sekunde bereue, als wäre ich kein unschlüssiger, trotziger und schlechter Mensch, der nicht einen klaren Gedanken denken kann. Drei Tage nachdenken? Die Gedanken aufhören lassen, genau darum bitte ich. Diesem Wunsch soll dieser Arztbesuch gewidmet sein. Er sollte meinen Kopf klarer machen, mir zu gesundem Schlaf und einem guten Rhythmus verhelfen, eine Hole-in-One-Positur, mich zum richtigen Zeitpunkt *mindful* sein lassen, oder mich zum richtigen Zeitpunkt zur Wachsamkeit aufrufen, wie ein Raubtier, ich will gewappnet sein, ich will das, was ich tue, wollen, und wissen, was ich will, und wieder denke ich, dass ich noch Zeit habe – und ich kann nicht aufhören, und als Ole-Morten mir den Rücken zuwendet, um die Tür zu öffnen, übernehmen die Gedanken die Kontrolle über meine Füße (aber ich weiß nicht, ob ich diejenige bin, die die Kontrolle über meine Gedanken hat), und er witzelt mit einem Kollegen.

Und ich sneake mich raus.

Durch die elektrischen Türen, an der Apotheke vorbei. Vorbei an dem schnäuzenden Saxofon an der Ecke, am Straßenverkäufer, ich eile durch den Sofienbergpark. Schnappe Fetzen von Gesprächen auf. Idiotische Gespräche, über all die Apps, auf denen wir uns gegenseitig blockieren und abweisen können, dass Oslo genial ist, weil man von hier so easy nach New York kommt, und ein Gettoblaster spielt Boogaloo, und Bauarbeiter begrüßen sich mit *dzień dobry*, und ich zieh mir die Baumwollstrickjacke aus und bemerke erst jetzt, am Nachmittag, dass in dieser Stadt ein Ausnahmezustand an Plusgraden herrscht.

AWUMBUK

IN DEN NÄCHSTEN Tagen schlafe ich mehrere Stunden am Stück, das erste Mal seit Langem. Träume von Flugzeugabstürzen und *Fear Factor* und *take me to your dealer*; ich schlafe mit dem Kopf an U-Bahnfenstern, mit dem Kopf an der Kommode, in der Stellung des Kindes auf der Yogamatte, verschlafe Kikas SMS – sie hatte mich zu No-Platforming-Debatten eingeladen, sagt, dass die Transaktivisten jetzt total durchdrehen, Vagina in Frontalloch umbenennen wollen und dass das Gesetz zur Regulierung des Prostitutionsgewerbes auf dem Spiel steht.

Es ist, als hätte mich jemand eingelullt, mir Schlafsand in die Augen gestreut, als wäre ich gesegnet.

Bevor ich schlagartig aufwache, mit einem Kater und zu Gebetsrufen vor meinem Fenster.

Wie versteinert liege ich da. Starre an die Decke.

Und happs: 7500 Kronen Miete.

Und happs: 3712 Kronen Telefonrechnung wegen gedankenlosen *Game of Thrones*-Streamings in einem Europa im freien Fall, denn die Roaming-Regelungen im Europäischen Wirtschaftsraum sind noch nicht in Kraft getreten, und ich schaffe es gerade noch, mein Abo zu kündigen, bevor die nächste automatische Abbuchung gemacht wird, aber dann ist da noch die Rundfunk-Gebühr, die Hausratversicherung und die Ratenzahlung der Waschmaschine, und ich werfe das Handtuch und rufe beim Sozialamt an. Wo ich mit noch einem Vornamen sprechen darf.

GÖRAN SAGT: »Wählen Sie nächstes Mal eine andere Partei!«

Also sollte Willem-Alexander doch recht behalten: Es bringt gar nichts, dass ich Göran die Sache zu erklären versuche, ich bin kein Systemverwalter, kein Klempner, keine Vorschullehrerin oder Sprechstundenhilfe – ich bin Freelancerin mit einem geisteswissenschaftlichen Abschluss, ein Euphemismus für Arbeitslose (ich bin erleichtert, dass er das Wort *Euphemismus* kennt) und stehe gefährlich nah am Abgrund. Jederzeit kann ich von einem Sprachgenerator ersetzt werden, ja, Firmen namens *Klickomator* verkaufen generierte Artikel für um Längen weniger Geld, als ich zum Überleben bräuchte, erkläre ich Göran und füge nach einem kurzen Zögern hinzu: Und außerdem bin ich in der siebten Woche. Ich bin der Natur in die Falle getappt. Ich bin ein narkoleptischer Brutkasten. Jeden Tag werde ich von einem ekelerregend süßen Lakritzgeschmack auf der Zunge gequält. Was, Göran, was soll ich tun? Göran presst ein beklommenes »Sorry« hervor, bevor er mich darüber in Kenntnis setzt, dass Arbeitslosengeld nur auf Grundlage von vorliegenden Gehaltsabrechnungen ausgezahlt werden kann, die Rechnungen, die ich als Freelancerin ausgestellt habe, zählen nicht, und dass mir leider absolut gar nichts zustehe (»aber zurzeit arbeiten wir an einem Fernsehprogramm, das den Leuten den Eintritt in die Berufswelt erleichtern soll, wenn Sie also Interesse an einem Fernsehauftritt hätten?«), da ich in den letzten drei Jahren formal betrachtet gar keinen Job hatte, den ich hätte verlieren können (wie soll etwas vorbei sein, was gar nicht erst angefangen hat?). Aber bisher wurde der einmalige Zuschuss von 38000 Kronen, wenn das Kind erst mal da ist, noch nicht abgeschafft, klärt er mich auf. Und er muss zugeben, dass das wohl nicht so lange reichen wird, aber besser als gar nichts, betont er, und wenn ich doch noch eine Arbeit finde, kann ich zusätzlich Sozialhilfe für Alleinerziehende beantragen (das wäre doch auch schon was).

»*Wenn* ich eine Arbeit finde?«

Göran antwortet mitfühlend: »Um was zu bekommen, muss man schon was haben.«

»Aber wer will mich denn jetzt haben? Ich bin kaum zurechnungsfähig, bevor der Tag schon wieder halb rum ist, und schlafe zu den unpassendsten Zeiten ein.«

»Gute Frage«, sagt Göran, und lädt mich zu einem Informationsgespräch zum Thema Arbeitsmarkt ein.

UND DA SITZE ich dann, an einem der Tische, die in U-Form aufgestellt sind, mit ehemaligen Kassierern, Buchhaltern, Postsortierern, Ticketverkäufern, Analytikern, Beratern und anderen, die von der Technik abgelöst worden sind, und Göran, der Schwede, steht in der Mitte, mit seinem hippen Männerdutt und nicht unbedingt den besten Aussichten auf Erfolg. Er redet irgendwas von innerer Einstellung und festem Händedruck, erwähnt, dass es wichtig sei, nüchtern beim Bewerbungsgespräch zu erscheinen, und wer seiner Bewerbung Selfies beifügen möchte, sollte die Boxhandschuhe lieber weglassen. Er nickt verständnisvoll, als ein 40-Jähriger einen automatisch generierten Artikel aufgreift – auf 54 000 ausgeschriebene Stellen kommen 150 000 registrierte Arbeitslose, und im Radio sei von einer Kündigungswelle in der Ölbranche die Rede, die einen Dominoeffekt mit sich bringe, er redet von verlorenen Märkten aufgrund der Sanktionen gegen Russland und von ausbleibenden Touristen, und »Jetzt rechnen Sie doch mal nach, Göran!«, ruft jemand anderes in den Raum, und ein Weiterer fügt in gebrochenem Norwegisch hinzu, »das sei doch alles wie bei Reise nach Jerusalem«, und während die Beiträge immer hitziger werden und die Neonröhre an der Decke nervös zu flackern beginnt, merke ich, wie meine Gedanken abschweifen. Ich schmecke den Lakritzbelag auf meiner Zunge. Ich träume mich in ein verrauchtes Lokal, wo ich einen Slippery Nipple schlürfe. Ich kann an nichts anderes denken.

Dann steht Göran plötzlich vor mir und räuspert sich. Er möchte meinen Ausweis sehen, um mich auf der Anwesenheitsliste abzuhaken, ich wühle mein Portemonnaie hervor, finde meinen Führerschein zwischen den unzähligen Rabattkärtchen der Cafés dieser Stadt, und dann sagt er doch glatt, dass ich *in Wirklichkeit viel süßer* sei, woraufhin mir die nichtsnutzigen Bosnischen Mark aus dem Portemonnaie rutschen. Das Gekritzel von meiner strapaziösen Zugfahrt. Mir sind all diese Worte schon längst wieder entfallen, dass *Torschlusspanik* ein schlechter Ratgeber ist, hatte *l'appel du vide, depaysement, awumbuk* vergessen – dass jedes Gefühl einen Namen trägt.

AWUMBUK: *Ein kurioses Phänomen, das auftritt, wenn Besuch kommt. Wenn er bei dir zu Hause ist und du über fremde Schuhe stolperst, und über Koffer, deren Inhalt plötzlich in deinem Wohnzimmer verstreut liegt, und du dir vorstellst, wie schön es wäre, wenn er endlich wieder abreist. Doch sobald er wieder weg ist, fühlt sich dein Zuhause plötzlich furchtbar leer an. Dieses Gefühl ist beim Baining-Volk von Papua-Neuguinea so stark verbreitet, dass sie ihm einen Namen gegeben haben: Awumbuk, oder das Gefühl der »Leere, nachdem ein Gast abgereist ist«.*

ICH KNÜLLE DIE Zettel zusammen und denke an *awumbuk*, als die Fernsehkameras auftauchen und die Hälfte von uns den Raum verlässt. Ich denke an *awumbuk*, als ich Göran bei einer Zigarette vor dem Gebäude in der Thorvald Meyers Gate Gesellschaft leiste, diskret atme ich den Rauch ein, den er auspafft. Er verrät mir, dass sein Chef ihm nach einer Reihe von tätlichen Übergriffen geraten hat, abends im Pub nicht zu erzählen, dass er beim Sozialamt arbeite, und dass an dem Erwerbsunfähigkeitsrentenskandal in Wirklichkeit zu viel Kuchen schuld war (»aber ja doch, Kuchen!«): Im Amt mussten so viele Geburtstage und Abschiede und Pensionierungen und Elternzeiten gefeiert werden, und jeder Anlass verlangt nach einem Kuchen, und da es als unkollegial gilt, nicht zu einem der Feste zu erscheinen – genauso wie es einem übel genommen wird, wenn man bei den Montagmorgen-Meetings nicht mitsingt – wurden die Stapel mit den Erwerbsunfähigkeitsrentenanträgen immer höher, und alle mussten Überstunden machen und alle hatten plötzlich Burn-out, und das, was eigentlich in vier Jahren hätte erledigt werden sollen, dauerte nun schon sieben. Er drückt seine Kippe aus und schlägt vor, mit mir in Kontakt zu bleiben, und auf dem Weg nach Hause denke ich immer noch an *awumbuk*.

An Milo. An den Straßenbahnschienen entlang denke ich an ihn, vorbei am Immobilienmakler, der zum »gemütlichen Immobiliengespräch« einlädt, vorbei an der Kirche, die ständig restauriert wird, an Amnesty, die mich am Ärmel ziehen, und Ärzte ohne Grenzen, die mich am Ärmel ziehen, vorbei an Greenpeace und an Vintagekleidern, und am isländischen Burgerstand denke ich: Wo ist er eigentlich abgeblieben? Ich gehe am Kiosk vorbei, der mit Benzin für Zippo-Feuerzeuge wirbt, und denke: Hat er die Stadt verlassen? Unten an der Bingohalle: Hat er aufgegeben? Hat er andere Fersen gefunden, an die er sich heften kann? Hat ihm jemand erklärt, wo genau die Mitternachtssonne eigentlich ist? War er von vornherein eigentlich gar nicht an mir interessiert? Ich hatte ein viel beharrlicheres Umwerben erwartet, und ich weiß, dass mich dieser Gedanke wohl bald nicht mehr loslassen wird, ich ahne es schon; dieser Warm-Kalt-Prozess ist eine Wissenschaft für sich, er ist brutal, und ich schaffe es nicht, mich ihm zu entziehen.

AUCH NICHT, nachdem einige schläfrige und klamme Tage vergangen waren. Eine ganze Woche ist verschwunden. Zwei Wochen, drei Wochen, ich verliere die Übersicht – während der Gedanke zu einem verwachsenen Klumpen wird, der mir auf die Hirnrinde drückt. Ich checke mein Handy. Ich checke Messenger, ich sehe, dass Milo vor gerade mal einer Stunde online war. Ich überlege sogar, mein Tinderkonto wieder zu aktivieren, nur um zu sehen, ob er sich auch dort eingeloggt hat, aber ich lasse eine Weile von dem Gedanken ab, bis er sich wieder zurückmeldet, und so geht es immer weiter.

Schließlich geb ich nach.

Als ich kein Geld mehr für neue Tageslinsen habe, hole ich meine Brille hervor, die ich 2012 gekauft habe (als es noch cool war, eine dicke schwarze streberhafte Fassung zu tragen). Als mein Gefrierfach leer und die letzte Portion Vollkornspaghetti aufgegessen ist, nur noch ein paar Reste rotes Pesto kleben im Glas, und ich nur noch 13 Kronen auf dem Konto habe, schreibe ich ihm.

Ich halte es einfach. Ich mache Gebrauch von einem der ältesten Tricks, um gemocht zu werden: Ich bitte um Rat. »Hast du einen Tipp, wo ich Geld für meine nächste Miete auftreiben kann?«, schreibe ich.

Er antwortet nach zwei Minuten.

»NA KLAR! ES GIBT EINE INTERNETSEITE, DIE HEISST EBAY.COM. FIDEL HAT MIR DAVON ERZÄHLT. DIE IST VOLL MIT MÖGLICHKEITEN! GEH EINFACH AUF ›KLEINANZEIGEN‹. DA VERSCHENKEN SIE KANINCHEN! WIR KÖNNEN EIN KANINCHENIMPERIUM AUFMACHEN, DU UND ICH!«

Nach einer weiteren halben Stunde steht er vor meiner Tür.

MILO

NACHRICHT VON KIKA: »Wo steckst du eigentlich in letzter Zeit?«

02:40 UHR. Hier stecke ich: in Milos dreckigem Bettzeug. Und ich bin in der dreizehnten Woche.

Die letzten vier Wochen sind einfach so an mir vorbeigerast.

Ich starre den halben Meter bis zur Decke rauf, der Radiowecker zeigt 02:43 Uhr an, und jetzt, wo die Übelkeit aufgehört hat, ist der Intellekt wieder da: Wie konnte die Zeit denn nur so schnell vergehen? Er liegt neben mir. Auf dem Bauch, mit einem Arm auf dem Rücken, als wolle ihm jemand Handschellen anlegen. Wie ein Krimineller. Da liegt er, und er ist nicht Lukas, das ist sein größtes Verbrechen – zusätzlich zu dem Gepfeife aus seiner Nase bei jedem Atemzug. Die braune Gardine flattert leicht in der Zugluft am Dachfenster. Hier ist es enger als in der Hollendergata. Viel enger, und das ist meine erste schlaflose Nacht seit Langem.

Ich denke: Warum hab ich aufgehört, an den Abgrund zu denken?

Was hat mich dazu gebracht zu denken, dass die Zeit stehen bleiben würde, nur weil *ich* es tat?

02:44 Uhr. Ich habe meine Vorstellung von ihr verloren, und das ist nicht meine Schuld: Ich gebe den unglücklichen Umständen die Schuld, dass ich von der

Hand in den Mund gelebt habe, von Stunde zu Stunde, das ist das Rezept dafür, den Überblick zu verlieren, jeder Tagelöhner würde das unterschreiben. Ich gebe dem Fakt, dass ich ungewöhnlich viel geschlafen hab, die Schuld. In allen möglichen Ecken, auf Wiesen, auf dem verqualmten Sofastoff, in der Hängemattennische im Wohnmobil. Ich gebe Milos Radiowecker die Schuld, der nicht funktioniert hat (bis jetzt: er hat die Clas-Ohlson-Filiale entdeckt), der die ganze Zeit nur null-null-null-null geblinkt hat. Ich gebe den extremen Sinneseindrücken die Schuld: die empfindliche Haut, die strengen Gerüche, und ich gebe allen Apps die Schuld, Tinder, dafür dass es diese Begegnung überhaupt erst angezettelt hat, Airbnb dafür, dass ich deswegen nicht nach Hause kann. Ich gebe dem Janis-Joplin-Song »Get It While You Can« die Schuld. Ich gebe Milo die Schuld. Dass er mich eingeladen hat. Dass er es gerne gemacht hat. Er hat Kaffee für mich gekocht (aus seinem Hamstervorrat, den er sich in Neukölln angelegt hatte), fast täglich hat er mir Mangostückchen serviert, hat sie mit Zimt bestreut (nachdem er mein Gewürzregal studiert hatte), Blinis gebraten, mit wechselhaftem Erfolg Ratatouilles improvisiert, und ein Netz mit Avocados für 30 Kronen erstanden, beim Gemüsehändler in Grønland, der sonntags eigentlich gar nicht öffnen darf. Das Einzige, was ich von meinem eigenen Geld gekauft habe, ist eine Zweiliterflasche Aloe-Vera-Saft (450 Kronen) vom Reformhaus – für die Verdauung und die weibliche Schönheit. Ich bin abhängig geworden. Nur das kokosnussartige Fruchtfleisch konnte die Morgenübelkeit lindern, die ich vor ihm verheimlichen wollte. Eigentlich eine relativ leichte Angelegenheit – wenn ich aufwache, ist er meist gar nicht da. Erst nachmittags, einige Stunden, nachdem die Übelkeit nachgelassen hat, kommt er von seinen »Aufträgen«, wie er sie nennt, zurück und erzählt mir von seinem Tag. Die »Aufträge«: Er ist Statist in Werbefilmen, er spendet Blut, ist Versuchskaninchen in einem Sauerstoffprojekt an der Uniklinik, er holt Klamotten aus der Fundgrube in Fitnessstudios ab (und bringt sie zu einer hibbeligen Dame, die einen Secondhandshop beim Birkelunden betreibt). Er sammelt Quittungen und verkauft sie auf dem Schwarzmarkt an steuerschnorrende Künstler, vertritt Fidel, wenn der krank ist, und ist Bargeldkurier für einen zwielichtigen Hacker namens Adrian. Und er hat noch so allerlei andere Ideen: Immer wieder kommt er auf das Kaninchenimperium zurück, Geschworenendienste, er will ein Business für professionelles Trauern bei Beerdigungen gründen (um den Leuten den Eindruck zu vermitteln, der Verstorbene sei wichtig gewesen), und dann ist da noch die Suche nach Diamanten auf Parkplätzen (die Logik ist folgende: An warmen Sommertagen fahren die Leute rum, die Klimaanlage aufgedreht, und wenn sie dann parken und aus ihrem Auto in die Hitze aussteigen, dehnt sich das Metall ihrer Diamantringe so sehr, dass der Diamant herausplatzt und auf den Boden fällt. Was zu beweisen wäre). Solche Sachen. Milo ist ein Quell von Ideen, und ich muss zugeben, ich bin beeindruckt, wie schnell er sich zurechtfindet. Er hat das meiste ausprobiert – Uber? Lohnt sich nicht: In der einen Woche des Uber-Experiments ging er tatsächlich ins Minus, als er die Benzinrechnung sah, und dass die Papasöhnchen ihren Alk über seine gesamte Einrichtung (die jetzt nicht unbedingt der Rede wert war) kleckerten, machte es auch nicht besser.

WAR DIE UBER-WOCHE bevor oder nachdem wir zum zweiten Mal miteinander vögelten? Muss davor gewesen sein. Ja, es war davor: Wir haben letzte Woche gevögelt. Nachdem wir hier oben am See unser Lager aufgeschlagen hatten. In der Woche davor fuhren wir eigentlich nur rum, mit dem Kaninchen, einem sechs Monate alten Zwergwidder (den er einer verzweifelten Familie, in Auflösung begriffen, aus Romsås abnahm), zwischen uns. Mit heruntergekurbelten Fenstern Richtung Stockholm, raus aufs Land, durch die Dürre, wir fuhren über Sanddünen, als wären wir im Irak, so wie ich mir den Irak vorstelle, und als wir feststeckten, ließ er mich nicht beim Schieben helfen. Ich musste mich in den Fahrersitz setzen und die Kupplung durchdrücken. Als der Motor wieder ansprang und wir losrollten, überließ ich ihm das Steuer schnell wieder, obwohl ich einfach mit seinem Auto und seinem Zuhause hätte abhauen können, an Ort und Stelle, was wie ein brutaler Bruch mit mir selbst gewesen wäre. Ich meine, das hätte überhaupt nicht zu meiner Persönlichkeit gepasst. (Wie haben die Franzosen das noch mal genannt?) Das Schlimmste war, dass ich es freiwillig gemacht habe. All das habe ich freiwillig gemacht, ich bin aus freiem Willen mit ihm mitgekommen, hin und her, Nord und Süd und Ost und West, über das Autobahnkreuz, hinein ins

Zentrum, wo die Luft von Hitze und Abgasen nur so stand, und nachdem Milo mich darauf aufmerksam gemacht hat – schockiert und provoziert – ist mir auch aufgefallen, dass die Norweger im Kamikazestil die Straße überqueren: Mit Sonnenbrillen, Kopfhörern, Fjällräven-Rucksäcken und hohem Vertrauen in die Welt laufen sie einfach über die Straßen, als könnte ihnen nichts zustoßen. Erst jetzt entdeckte ich, dass Menschen in den Betonnischen am Åkebergveien Unterschlupf suchten, auf ausrangierten Möbeln an der Straße. Dass sie in langen Schlangen in der Christian Kroghs gate anstanden, um einen Schlafplatz beim Roten Kreuz zu kriegen, ganz zu schweigen von den Gummiunterlagen unter den Klettergerüsten dieser Stadt. Einige leben gut behütet, andere sind ausgeliefert, was mir schon bewusst war, ja, natürlich war mir das bewusst, aber irgendwie auch nicht richtig. Ich wusste auch, dass die Laternenpfähle mit Annoncen dekoriert waren, aber nicht mit Lebensgeschichten: *The Soul of Morocco* und *Aikido-Training* und *Billige Umzugshilfe* und *I can clean. I can iron. Please call me.* Milo sagt: »Für mich zählt nur Bares.« Er bezahlt mit Scheinen aus seinem Geldbündel, das fühlt sich an wie eine Zeitreise. Wie eine Reise: Ich habe einfach nur meinen Wohnort gewechselt, ich habe einfach nur die Branche gewechselt, ich mache Betten, wische den Boden mit einem Mopp und heiße Schweizer und Amerikaner und Südkoreaner und Kanadier und Iren willkommen, und als Milo mir eröffnete, dass wir an einem anderen Ort kampieren müssten, bevor die Verkehrspolizei entdeckt, dass er mit einem unregistrierten ausländischen Wohnmobil in Oslos Straßen unterwegs ist, kam ich mit, aus dem einfachen Grund, dass er sagte: »Komm mit!«

ER SAGT SOLCHE Sachen: Na los! Und: Komm mit! Eine unbescheidene Mischung aus Einladung und Befehl. Sorglos, unkompliziert, und ich nehme an, dass dieser – ich sollte wohl sagen – *schamlose* Optimismus mich überhaupt erst hierhergebracht hat. Ich gebe diesen Worten die Schuld: *Na los! Komm mit!* Die Aufforderung reduziert die Anzahl der Fragen, die ich mir selbst stellen sollte, und es ist lange her, dass ich eine solche Befreiung verspürt habe. Fragen wie *Will ich überhaupt?* Ich muss mir selbst diese Fragen nicht mehr stellen. In Milos Gesellschaft muss ich kaum Stellung beziehen. *Dass* ich will, ist eine Prämisse, in einer Einladung integriert, das Einzige, was ich mir überlegen muss, ist, ob ich überhaupt kann. *Hab ich Zeit?* Nicht zuletzt, *Hab ich irgendwas Besseres zu tun?*

Und die Antwort schmerzt: nicht wirklich. Ich bin kein Klempner, ich bekomme keine Aufträge mehr, ich habe keine Routinen, sobald ich nicht mehr schlafe oder versuche zu schlafen, ich bin unbeholfen und desorientiert, und deswegen bin ich mitgekommen, und zwar so richtig, und diese Affäre beginnt also vor vier Wochen, Mitte Juni.

Als Milo in meiner Tür steht und sagt:

»Du kannst doch einem Typen, der Radovan heißt, kein Geld schulden.«

VOR VIER WOCHEN: Als Erstes ärgerte ich mich darüber, wie ähnlich unsere Brillen waren.

Ich hatte kaum Zeit, die SMS zu bereuen, die ich ihm geschickt hatte.

Ich hatte mir kaum das blaue Sommerleinen über den klammen BH gestreift und meine Lippen zum letzten Mal mit dem schlechten Zitronengloss befeuchtet, als er dastand. T-Shirt: *Target: Iran Nuclear Staff*. Er brachte mir einen Lolli mit, den er beim Türken um die Ecke gekauft hatte, und sofort begann er zu wettern, »Radovan ist der Name eines Typen, der vors Kriegsverbrechergericht in Strasbourg gehört«, und mir fiel auf, dass er auch in Caps Lock REDETE.

Überstürzt, laut und mit der Körpersprache eines Bengels, der sein Ritalin vergessen hat.

Ich versuchte einzuwenden, »du meinst Den Haag«, aber er ließ sich nicht unterbrechen.

Ihm war wichtiger, mir weiszumachen, dass man Leuten mit bestimmten Namen nicht über den Weg trauen dürfe. Shere Khan, zum Beispiel. Er traute keinem, dessen Name Ähnlichkeit mit dem Tiger aus dem *Dschungelbuch* hatte – und schon war er beim Thema: »Hast du Rudyard Kipling gelesen? Ein echter Kosmopolit! Im Gegensatz zu den

Strebern, die in Erasmus-WGs rumhängen und Pflichtlektüre rezitieren.«

– Ich: »Zitieren.« –

»Kipling hat gesagt: ›Nichts Menschliches ist mir fremd‹. Ich versuche, nach diesem Motto zu leben.«

»Er sprach auch von der *Bürde des weißen Mannes*.«

Er steckte den Kopf in meine Einraumwohnung. Fragte, ob ich erwägt habe, sie an Touristen zu vermieten, bevor er den Lolli aus dem Mund nahm und mich breit angrinste wie in einer Zahnpastawerbung. Er küsste mich auf die Wangen. Kniff mir neckend in den Oberarm, und ich erschrak, wie peinlich sensibel mein Körper war: Jede noch so kleine Berührung ließ ihn vor Schmerzen aufheulen. Und er hatte sich der Aufgabe meiner SMS mit höchstem Ernst angenommen. »Das ist doch perfekt! Konventionell, aber perfekt«, und ich brachte kaum ein skeptisches Räuspern hervor, als er rief: »Lass uns Fotos machen!«, und mit einem Satz hatte er seine Schuhe von den Füßen gekickt, trampelte auf meinem Bett herum, nahm einen großen Schritt zum Fensterbrett, von wo aus er mit seinem Handy Fotos knipste. »Von hier finden wir den optimalen Winkel im Verhältnis zum Tageslicht.« Er bat mich, meine Klamotten vom Fußboden aufzusammeln, und fragte, ob ich eine Decke habe, die man über das Bett werfen könnte, am besten eine hellblaue, bevor er im Fensterrahmen hin- und hertänzelte und versuchte, einen Sonnenstrahl davon abzuhalten, den Staub in der Luft zu exponieren. Mir wurde vom Zusehen ganz schwindelig. »Und was ist dein Plan?«, stotterte ich ohne Erfolg. Er war zu vertieft. Studierte die Kameralinse, rückte seine Brille zurecht, blies sich die dicken Locken aus der Stirn und erklärte, Blau sei die Farbe des Vertrauens und der Kommunikation.

Ich bemerkte, dass ich mich nicht mehr halten konnte. Und ich gab dem Zimmer die Schuld. Es wankte. Wie ein Schiff in den fürchterlichsten Algarvewellen. Es schwappte über, und ich spürte alles gleichzeitig: Ich war seekrank und hatte eine Lebensmittelvergiftung und war ausgehungert, also entschuldigte ich mich (nicht dass er das registriert hätte) und stürzte aus der Tür, die er nicht hinter sich zugemacht hatte.

Aber den Kopf übers Klo gebeugt, konnte ich mich nicht übergeben. Mein Körper blieb standhaft.

ICH WEISS NOCH, wie ich dachte: Ist das ein Zeichen? War das ein Zeichen, dass ich einfach nur so dasaß, die Knie auf dem eiskalten rot getünchten Steinboden, ohne dass etwas passierte? Dass mir die Übelkeit im Brustkorb stecken blieb (wie ein Riegel, der sich vor die widersprüchlichen Prozesse in meinem Inneren geschoben hat: Kotzen, full stop, Kotzen, full stop). Auch nach zehn Minuten: Nichts passierte. Ich spuckte ins Wasser und versuchte, einen Plan auszuhecken, wie ich ihn wieder loswürde, und wieder wollte ich dem Zimmer die Schuld geben – es rotierte wie die Troika in einem Freizeitpark –, dass mir kein vernünftiges Manöver einfiel. Ich stellte mich vor das winzige Waschbecken, konnte kaum mein Gleichgewicht halten. Fokussierte einen Punkt wie eine Ballerina vor der Pirouette, fand einen eingetrockneten Zahnpastafleck auf dem Spiegel (statt mein bleiches Selbst anzugucken), an dem ich routinemäßig zwei, drei Minuten herumknibbelte und versuchte, mich mit Bauchatmung von allem frei zu machen. Diese Übung half nicht gegen die Sorgenfalte, die ich erfolglos mit den Fingerspitzen glätten wollte.

Ich stellte mir selbst die ausschlaggebende Frage: Hast du was Besseres zu tun?

Nicht wirklich. Saldo: 14 Kronen.

Dann purzelten die Gedanken wie nicht identifizierbare Reste ins Waschbecken, und ich fühlte mich gereinigt, ein bisschen klarer im Kopf – und trotzdem schaffte ich es nicht, adäquat zu protestieren, als ich, wieder in meiner Wohnung angekommen, sah, dass er meine Sachen aufgeräumt hatte: den Krimskrams am Waschbecken, die Socken vorm Schmutzwäschekorb, den Drucker mit den ausgedruckten Seiten und die misslungenen Referenzschreiben ehemaliger Arbeit- und Auftraggeber (von denen die meisten gesagt hatten: »Referenzschreiben? Aber du warst doch nie bei uns angestellt?«) fürs Sozialamt. Er hatte alles in eine Ikea-Box gestopft, die er über Kunderas Gesammelten Werken in meinem Bücherregal gefunden hatte. Er hatte das Bett gemacht, abgewaschen und die gerahmten Vintageplakate gerade gerückt – mehr als drei Jahre lang hatte ich mich darüber aufgeregt, dass sie schief hingen, ohne auch nur selbst einen Finger zu krümmen. Er war ein ausgewachsener Eindringling. »Wie findest du's?«, fragte er, ohne mich anzusehen. Als wollte er mich in seine Entscheidungen einweihen, als würde ihn meine Meinung dazu interessieren, ob 300 Kronen die Nacht angebrachter waren als 400. Ich sagte, »Und wo hast du gedacht, soll ich hin?«, wahrscheinlich viel zu leise, und »Soll ich in der Dusche pennen?«, noch leiser, bevor er mich als Antwort um das Passwort meines WLAN bat. Rastlos trommelte er mit den Fingern auf die Arbeitsplatte, pfiff die Melodie von »*Istanbul (Not Constantinople)*« und trat vor dem Handy, das diese fragwürdige Vermietungsapp downloadete, deren Verbot im Stadtrat andauernd in Erwägung gezogen wird, von einem Bein aufs andere. Wo soll ich bloß mit mir hin? (Ein Gedanke, der mir im Jahr 2016 disproportional häufig gekommen ist.) Mir fiel nichts Besseres ein, als mich auf die Bettkante zu setzen, zu schlucken und zu schlucken, in einem tapferen Versuch, den Schwindel mit Spucke wegzuspülen, und ich dachte, *Dann ist das eben so*, als er enthusiastisch »*Trendy and vibrant neighbourhood!*« sagte und vorschlug, einfach den Text aus einer anderen Annonce zu kopieren. Er sagte, dass der Kalender am besten offen sein sollte – »keine Krone aufs Spiel setzen!« –, dass wir ein Profil für mich einrichten sollten. Er beugte sich vor, fluffte meinen Pony auf, richtete meine gesenkten Schultern auf, sagte »Schön!« und knipste ein Foto. »Gut, dass du ein Mädchen bist. Die Leute vertrauen eher Mädchen. Wir schreiben, *love to travel*, okay?« Ich zuckte die Schultern und dachte: Ich lösche diese App, sobald er verduftet ist. Lehnte mich zurück in ein Kissen und wickelte den Lolli aus dem Papier.

Geschmack: synthetisch, blau und überraschenderweise die Übelkeit lindernd.

Er stellte die Wohnungsannonce ein, und das Business lief.

Er setzte sich neben mich, legte seine Hand auf meinen Schenkel und sagte: »Ich werde dir ein Dach über dem Kopf besorgen.« Tatsache, er war gut darin, unorthodoxe Schlafplätze aufzutreiben, versicherte er mir. Ein Trick, den er während der Demonstrationen gegen den G8-Gipfel in Genua im Sommer 2001 gelernt hatte, und es fiel mir schwer einzuschätzen, ob das beruhigend war oder nicht.

Dann seine Lieblingswörter:

»Na los! Komm mit! Wir fahren jetzt einfach irgendwohin, das haben wir letztes Mal nicht geschafft.«

UND ICH KAM MIT. Durch den Juniwind, der vom Sørenga Stadtstrand herwehte zum Mittelalterpark, unter den Bahngleisen entlang, die Saxegaardsgata rauf, wo das Wohnmobil stand. Es hatte neue Aufkleber: *Nein zu Atomwaffen*, *Abzug aller Norwegischen Soldaten aus dem Irak* und *Tupac Shakur Thug Life*. Er fuhr mit einer Geschwindigkeit, die auf skandinavischen Straßen skandalös war. Rauf auf die E6, Richtung Trondheim, zum Flughafen Gardermoen, wo der nächste Auftrag wartete: Fidel gab den Tipp, dass wir jeder einen Tausender als Testpassagiere am neuen Terminal, das gerade ausgebaut wurde, verdienen konnten. Im Slalom schlängelte er sich an Lastwagen vorbei. Er verfluchte die Teslas, die auf der Busspur fuhren, summte Stevie Wonders Version von »Bang Bang«, die im Radio lief, dann sah er mich an, einen Moment zu lang, unangenehm lange, und sagte: »Norwegen ist echt das beschissenste Land, um pleite zu sein.« In anderen Ländern sei das viel einfacher. Er fasste zusammen: »Italien, Griechenland, Portugal, Spanien ...« – in anderen Ländern passe sich der Markt an die schmalen Löhne und Sozialpakete an. Dort gebe es alles in kleinen Portionen: Miniaturflaschen mit Olivenöl, Hotelshampoos, Einwegpackungen mit Waschpulver, was natürlich in der Summe teurer war –

genau aus diesem Grunde liebten die Lebensmittelhändler arme Kunden.

»Hier werden sie einfach ignoriert.«

Er wechselte wieder auf die linke Spur, fuhr vorbei an einem Lada aus einem versunkenen Imperium, bevor er Land für Land durchging. Italien? Ein wunderschöner Albtraum. Griechenland? Die Griechen bräuchten einen Staatschef mit Arsch in der Hose, und die Portugiesen? ... Zu Portugal konnte er nichts beitragen – aber die Spanier hätten sich die Schuld nur selbst zuzuschreiben. »Ich meine, die haben sich Geld von Banken geliehen. Die Bank ist die *letzte* Instanz, von der man sich was leihen sollte! Familie: check. Freunde: check. Dein Boss: check. Aber von der Bank?! Was für Trottel.«

Dann waren wir am Flughafen.

Wir standen mit Hunderten von Leuten in einer Schlange, bevor uns ein Armband umgebunden wurde, damit das Sicherheitspersonal wusste, dass wir keine Terroristen waren. Wir liefen durch sterile Gänge. Milo fuhr fort mit seinem Vortrag, schnipste mit den Fingern und zog sich am Ellenbogen, um seine Schulter knacken zu lassen. Deutschland müsse die Eurozone verlassen (»einzig logisch«), und Julius Caesar war ein Reformator, kein Tyrann (»typisches Missverständnis«), und Donald Trump würde die Wahl sicherlich gewinnen. Wir gaben unsere Personalausweise ab und trugen unsere Kontodaten in ein Formular ein. »Politiker sind wie Leihmütter«, sagte er, »und Hillary Clinton hat einfach zu oft die Frisur gewechselt.« Wir gingen durch simulierte Sicherheitskontrollen. Milo in einem kleinen Glasraum: »Einer Mutter, die ständig 'ne neue Frisur hat, kann man nicht trauen, und – sorry! – genau da hapert's bei Hillary.« Er redete ohne Punkt und Komma. Die Rolltreppen rauf, in Lounges rein, auf dem Weg zum Kaffeetruck, wo wir uns gratis nachfüllen konnten: »Lange Locken, Lesbenschnitt, gelackter Pony, Pferdeschwanz ... versteh mich nicht falsch: Ich mag weder Trumps Stahlwollenmatte noch den Mann an sich.«

Abgesehen von der Anspielung, Obama sei schuld am IS.

Er schmiss seinen Pappbecher mit zwei Metern Abstand in einen Mülleimer (und traf).

Milo mochte tatsächlich überhaupt keine Politik, erklärte er nachdrücklich. Er mochte ihre Blazer nicht, er mochte ihre Gruppenfotos nicht (»die ganze Bande sieht aus, als würden sie auf einer Klon-Konferenz rumhängen«), und an den Computern, an denen wir mithilfe einer Punkteskala von eins bis fünf die unterschiedlichen Stationen bewerten sollten, fiel er über Norwegen her.

»Autoritär!«

»Orwell-esque!«

»Ich meine, allein diese Umfrage schon wieder. Alles soll in euren Systemen gespeichert werden!«

Ich hätte nur zu gern an dieser Diskussion teilgenommen, aber ich war schlicht und einfach zu erschöpft. Ich nickte ein, als wir über die E6 wieder nach Hause fuhren, jeder mit einem 1000-Kronen-Gutschein für Zalando in der Tasche, nickte ein zu den Hintergrundgeräuschen von »die schlimmste politische Kombination ist doch diese: wenn die Konservativen das Land regieren und die Linken die Stadt«. Ich nickte im Halbschlaf durch sein Herumphilosophieren. Fragmente. Der eine lässt dir keine andere Wahl, als unter Brücken zu schlafen, während der andere die Brückenbögen zumauert, weil *niemand unter Brücken schlafen sollte*, der eine bietet dir Minijobs an, während der andere dich aus dem Land werfen will, wenn du nur eine befristete Stelle hast, und der eine sorgt dafür, dass du die Miete nicht mehr bezahlen kannst, während der andere dich im Namen einer Zwangsrenovierung auf die Straße schickt, wenn der Wohnstandard sich als unzumutbar erweist.

Ich wurde von einem auf der rechten Spur vorbeifahrenden Krankenwagen geweckt. Von Milo, der sagte, er würde sie ausnahmsweise mal vorbeilassen, auch wenn er nichts von Sirenen hielt.

Er wettete, dass es nur ein paar Reiche seien, die sich den Wagen gemietet hätten, um bei dem Verkehr schneller voranzukommen.

Dann hielt er an einem der großen Wohnblocks in Romsås und klingelte bei jemandem im sechsten Stock.

03:20 UHR. Hab ich geschlafen? 03:21 Uhr. Ich hab nicht geschlafen.

Milo hat sich umgedreht. Jetzt liegt er mir zugewandt. Ich spüre seinen Atem an meiner Schläfe, und sein Fuß guckt halb aus dem Bett, er baumelt an der Metallleiter, und ich sehe, dass er vergessen hat, seine Pantoffeln auszuziehen. Ein Paar *Freudian Slippers*. Gekauft in einem Souvenirladen in Mitteleuropa: mit dem bebrillten Gesicht Freuds, dass von Milos Zehen aus zu uns hochstarrt. Ich wusste nicht, dass Deutsche Humor haben. Oder war er Österreicher? Oder vielleicht ist das gar nicht so lustig? Er rührt sich im Schlaf und schmatzt leicht. Dreht sich wieder um. Milo hat eine Theorie, dass es leichter sei, einen Orgasmus zu kriegen, wenn man die Socken noch anhat. In einem schwachen Moment hat er auch zugegeben, dass sein Gerede ein Trick sei. Dass er sich wünschte, sich eine Psychoanalyse leisten zu können, sich nun aber mit diesen Pantoffeln begnügen müsse, auch okay, da er sicher jedem Analytiker einen Berufswechsel aufgequatscht hätte. Er würde sich in ihre Methoden einmischen, Sachen sagen wie: *Das nennt sich Projizierung*. Er mischt sich in alles ein. Zum Beispiel in meine Gedanken: »Ja, dann sonn' dich doch oben ohne. Mach doch einfach. Mach dir 'ne Kippe an. Ja, so einfach ist das. Isso.« Darin, wie die Briten abstimmen sollten: Am Tag des Brexit-Referendums zog er sein Union-Jack-Shirt an, machte ein Selfie, postete es auf seinen Social-Media-Kanälen und schrieb *Fuck Cameron, fuck DiEM25, fuck 'em all!* – gefolgt von einer ermüdenden Diskussion in der Kommentarspalte, mit der ich nichts zu tun haben wollte. (Aber ich bekam mit, dass er Folgendes zu seinen Hatern sagte: »Haut ab und geht mit Delfinen schwimmen!« oder »Geh zum Friseur und besorg dir 'nen Job!«) Jetzt sagt er auch jedes Mal *Brexit* statt *Bless you*, wenn ich niese. Er weiß alles besser: wie Länder regiert werden sollten, wie Architekten zeichnen sollten, Ingenieure rechnen, Piloten steuern, Zahnärzte bohren, wie der Klimaausschuss der UN arbeiten sollte, und auch vor den Ökonomen macht er nicht halt: Dass die Pfeile in den Graphen während der Finanzkrise vor acht Jahren (krass: *acht!*) nach unten zeigten, sollte nicht als »Krise« beschrieben werden, wiederholt er bis zum Umfallen. Man sollte es Sortierung nennen. Akutes Sortieren. Jemand muss übrig bleiben. Das ist der Sinn der Sache. Krise klingt so, als befänden wir uns alle im freien Fall, als säße niemand mehr am Hebel, als hätte keiner mehr Kontrolle. Als wüssten *die* (dieses undefinierbare »die«, auf das er sich so oft bezieht) nicht mehr, was sie tun. Dann wiederholt er: Sie *wissen*, was sie tun. Vielsagend. Und ich hab längst den Faden verloren. Stelle so wenig Fragen wie möglich. Ich beschloss früh, im Umgang mit Milo nach der Vorschrift des amerikanischen Militärs zur Homophilie zu operieren. *Don't ask. Don't tell.*

ZURÜCK IM AUTO: Ich war die Einzige, die den amerikanischen Militärvorschriften folgte.

Er redete wie ein Flummi, hüpfte von Thema zu Thema, von Elton John (»Zwei Sachen: Warum heißt er nicht John Elton, und ist er auch blind – oder nur schwul?«), via Europa (»warum nennen es alle eine freie Bewegung, wenn ich in der Praxis keine andere Wahl habe, als wegzuziehen?«), zu Themen ohne Subtext.

Ohne Zweifel: Es ging um Sex.

Und das war ziemlich unsexy. »Man braucht nur ein Weibchen und ein Männchen«, sagte er, »und das Weibchen hat sowieso meistens Bock auf Sex«, während wir über die Sinsenkreuzung fuhren, vorbei an den Backsteinhäusern Rosenhoffs, und das Romsås-Kaninchen – das Erde zum Graben und Platz zum Hoppeln brauchte – saß ziemlich gleichgültig mit seinen Hinterbeinen am Schaltknüppel. Obwohl gerade über *sein* Schicksal gesprochen wurde. Ich konzentrierte mich vor allem darauf, die scharfen Gerüche wegzumeditieren, die im Wohnmobil hingen, Plastik, Metall, Benzin, Textil, und bekam am Rande die erleuchtende Info mit, dass ein Kaninchenpaar – theoretisch – im Laufe seiner sieben Lebensjahre 1,9 Milliarden Nachkommen haben kann. (Unter der Voraussetzung, dass alle ihre Nachkommen Junge kriegen, dann auch viermal im Jahr werfen – das war die gesetzliche Beschränkung für Kaninchenzucht in Norwegen.) Er drängelte und schlängelte sich durch die behäbige Schlange am Carl Berners Platz, bis ich fragte: »Aber mit wem sollen sich denn die ersten Kaninchenjungen paaren? Mit ihren Geschwistern?«

Er: »Von Bruder und Schwester wird abgeraten. Die wären einander genetisch zu ähnlich.«

»Aber mit ihren Eltern wäre in Ordnung?«

»Irgendwo muss man ja anfangen.«

»Wir reden hier von Inzest?«

»Oder davon, dass die Natur gnadenlos ist« – und da war er noch lange nicht fertig, sondern fuhr fort: »Überleg mal – ist so nicht auch die Menschheit entstanden? Ich meine, was glaubst du, mit wem Kain und Abel zuerst Kinder bekommen haben?« Und als wir die Finnmarkgata herunterfuhren, erfuhr ich, dass »*sie* in *seinen* Käfig gesetzt werden muss«, andernfalls würde sie ihn nur als Eindringling erachten und ihr Territorium verteidigen, während das Männchen viel zu sehr damit beschäftigt sei, sein Revier zu markieren, dass er das Ficken ganz vergisst, was Milo sehr empörte: »Also, entschuldige mal! Das Ficken vergessen? Was für Idioten diese Kaninchen sind. Was – für – Idioten! Und was hältst du eigentlich von Pandas? Haben die überhaupt eine Daseinsberechtigung? Hat man das Recht zu überleben, wenn man so lahmarschig ist, dass man es nicht schafft, sich fortzupflanzen, bevor man stirbt?«

Er parkte im Åkebergveien. Dann wollte er mich unten am Helga Helgesens Platz zum Essen einladen, dort verkauften sie das Gericht des Tages für 70 Kronen, welches primär aus zerkochtem, kurkumagefärbtem Reis und einem merkwürdigen Avocadosaft bestand. Der Inhaber war ein weltgewandter Typ – er hatte mehrere seiner Lebensjahre unter Lkw versteckt verbracht. Milo, der innerhalb von fünf Minuten mit ihm Freundschaft schloss, ergriff die Chance, mit ihm über schlechte Straßen zu sprechen. Das Kaninchen und ein paar Salatblätter im Schoß, laberten sie los, was für eine bescheuerte Idee eigentlich rechteckige Kreuzungen seien, bevor sie darüber sprachen, dass die Portugiesen die Fußball-EM gewinnen würden, dass Milo seinen Testpassagier-Gutschein darauf verwetten würde – und als sie beim nächsten Thema angekommen waren, registrierte ich Folgendes:

Ich, im Gegensatz zu Milo, kann Kaninchen, oder Tieren im Allgemeinen, nichts abgewinnen.

Vor allem nicht denen, die von mir abhängig sind, zu denen man kein horizontales Verhältnis haben kann. Darum begegne ich Tierliebhabern auch mit Skepsis. Ich muss mir Mühe geben, nicht mit unpassenden Hitler-Kommentaren anzukommen, wenn ich einen Vegetarier treffe, sage lieber nicht, dass der Weg von Tierliebe zu Misanthropie besorgniserregend kurz ist, und das mein ich ernst, stattdessen lächel ich höflich und sage: »Spannend. Religion, Fleischindustrie oder Diät?« Ich glaube, meine Skepsis hat mit meinem Bedürfnis nach Kohärenz zu tun. Dass mich allein schon der Gedanke an Widersprüchlichkeiten innerlich zerreißt; ich kann nicht beides haben. Ich kann nicht in einem Augenblick mit Tieren kuscheln und sie im nächsten essen, ich muss jedes Potenzial einer Verbindung kappen, kann kein emotionales Band eingehen, muss sie entmenschlichen (als ob sie menschliche Wesen wären), um nicht vor Qualen einzugehen an der Fleischtheke im Supermarkt. Milo ist das krasse Gegenteil. Es fällt mir schwer zu verstehen, wie er mit diesem Tier Blickkontakt aufnehmen kann, mit ihm spielen, ihm epische und feminine Namen geben – Ophelia, Grazielle, Patricia, die schönsten, die ihm einfallen – und von Liebe erfüllt seine Wange an den Hängeohren reiben kann. Und wie er gleichzeitig ohne Skrupel die Prinzipien des Enthäutens diskutieren kann, während er sich mit einem Zahnstocher die Reste des Lammfleisches zwischen den Eckzähnen hervorpult. So wie er es recht pietätlos nach dieser 70-Kronen-Mahlzeit tat, während der Inhaber ihn also darin unterrichtete, wie man Brustfilets aus einer Ringeltaube schröpfen konnte.

Zu diesem Zeitpunkt tickerte die erste Anfrage ein und leuchtete auf meinem Smartphone auf.

SIE HIESS FRANCESCA, schrieb mit Smileys, ohne sonstige Zeichensetzung, und war eine von zwei schweizerischen Freundinnen, die in Oslo haltmachen wollten auf ihrem Weg zur Trolltunga (wahrscheinlich, um dort den Darwinpreis zu gewinnen). Eigentlich hatten sie schon ein Hotelzimmer gebucht, doch das wurde ihnen wegen eines Wäschereistreiks, der an mir vorbeigegangen war, gecancelt, und sie würden noch am selben Abend um halb elf in Rygge landen, brauchten also schon in dieser Nacht einen Platz zum Schlafen. Und eigentlich wollte ich die App später löschen, wenn die Mahlzeit verzehrt war und Milos und mein Weg sich trennen würden.

Der Plan änderte sich, als ich feststellte, dass das Geld nur einen Klick weit entfernt war.

Ich sah zu Milo, der mir mit dem gleichgültigen kleinen Biest auf dem Schoß gegenübersaß und lächelte. Klickte auf »Anfrage akzeptieren«.

Und so kam endlich wieder was rein, Geld auf mein Konto, rein statt raus.

Und so kamen die Freundinnen aus der Schweiz (fünf Nächte).

Und so kam Barbara aus Kalifornien, die die Dusche in der Küche mit *cute!* kommentierte (zwölf Nächte).

Und so kam der Südkoreaner Bobby (eine Nacht), der innerhalb von zwei Wochen alle europäischen Hauptstädte besuchen wollte (in alphabetischer Reihenfolge), und so kam der kanadische Reuters-Journalist (sechs Nächte), der mir erzählte, wo er *based* war, bevor er aufdringliche Fragen zu Utøya hatte, zum Schluss kam Ronan, ein Ire mit einem kindlichen Interesse für Wikinger, der nach einem Feuerlöscher fragte und zwanghaft alle Schlüssel zehnmal probierte.

Er wohnt jetzt gerade in meinem Zuhause.

(Morgen um zwölf ist wieder Schlüsselübergabe.)

Sie alle haben zwischen meinen Sachen kampiert, in meinen Schränken gewühlt, aus meinen Tassen getrunken, in meiner Bettwäsche geschlafen und sind wohl davon ausgegangen, dass ich das genossen habe, dass ich ihnen nicht nur aus reiner Verzweiflung den Holmenkollen auf der Karte eingekreist, sie in die Straßenbahn Richtung Skulpturenpark gesetzt und ihnen den Weg zum Neseblod-Plattenladen in der Schweigaards gate gezeigt habe – »Jep, das ist der Tatort des Satanistenmordes!«. Ich engagierte mich gegen meinen Willen, hörte so manches *fascinating* als Antwort und bin nach jeder Schlüsselübergabe den Åkebergveien raufspaziert, wo das Wohnmobil stand und Milo davor saß, in einem Klappstuhl mit Blick aufs Kreisgefängnis und dem Kaninchen und Piketty im Schoß, und rief: »Ich wusste es! Ich hab es immer gesagt!«, jedes Mal, wenn die Vermögensakkumulierung eines Superreichen aufgedeckt wurde.

Unter anderen Umständen hätte ich Kikas Sofa vorgezogen.

Der Unterschied ist, dass Milo sich nie zu mir rüberlehnt und mir eindringliche Fragen stellt (abgesehen von »Ist dir auch schon aufgefallen, dass es in Aleppo ziemlich oft ›das letzte Krankenhaus‹ gibt?«). Milo liest Survivalhefte. Er teilt keine Unterschriftenkampagnen für die Mietpreisbreme auf Facebook, so wie Kika, die sich von den Verboten, die sie in Barcelona und Berlin eingeführt haben, hat inspirieren lassen. Sie weiß, dass Spekulationen die Preise nach oben zwingen, er weiß, dass das Essen vor der Moral kommt, ohne aus diesem Grund Bertolt Brecht paraphrasieren zu müssen, und auch deswegen habe ich noch gewartet, ihre Nachrichten zu beantworten.

Außerdem habe ich die ganze Zeit gedacht: Das hier ist nur vorübergehend.

Auch wenn mir der Däne im Stockwerk drunter einen misstrauischen Blick zuwarf, als ich neulich im Treppenhaus an ihm vorbeigegangen bin – seitdem hab ich Panik vor den Nachbarn.

Dass sie rausfinden, dass diese Touristen nicht meine Freunde sind, dass sie es an Radovan weiterplappern, ja, nur der Gedanke an Radovan beunruhigt mich zur Zeit, das ist Milos schlechter Einfluss, *guilty by association* – ich hatte keine Probleme mit Radovan, bevor Milo in mein Leben kam. Ich habe ihn noch nicht einmal persönlich getroffen. Er war bloß eine Figur auf der anderen Seite des Messengerdienstes (ich hatte die Wohnung ungesehen bekommen, von einem Tag auf den andern, von dem Freund eines Freundes eines Freundes, und er hatte seine kleine Schwester mit dem teuren Schal mit den Vollmachten vorbeigeschickt, als wir das Kautionskonto mit drei Monatsmieten anlegen wollten), und seitdem hatten wir nichts mehr miteinander zu tun. Erst als Milo vor meiner Tür auftauchte und mit der Auflösung Jugoslawiens und dem Strafgericht für Kriegsverbrechen rumnervte, und welchen Namen man nicht trauen dürfe, wurde ich paranoid und bekam plötzlich eine Vorstellung davon, wie Vorurteile entstehen und sich im Körper festbeißen wie eine reelle Angst.

WAS MICH AM meisten nervt ist, dass Milo es nicht auf die Reihe kriegt, sich zu merken, in welcher Stadt dieses Strafgericht sich befindet. Er redet oft über seine unglückliche Entstehungsgeschichte, meist auf folgende Art und Weise: »Vielleicht kann ich den Staat im Namen meiner Mutter wegen Arztbetrug verklagen?«

Möge sie in Frieden ruhen.

Das Recht darauf, niemals geboren zu werden? Er präsentiert es wie eine weitere Möglichkeit, an Geld zu kommen: »Vielleicht kann ich nach Den Haag ans Gericht fahren und Entschädigung beantragen? Wie stehst du eigentlich zu den Menschenrechten? Mir fällt echt nichts Bescheuerteres ein.«

Ich: »Du meinst Strasbourg.«

Er: »Nein. Den Haag.«

Ich: »Strasbourg.«

Er: »Ich verwette mein Heim drauf. Der Europäische Gerichtshof für Menschenrechte ... «

Ich: »... ist in Strasbourg. Glaub mir. Du verwechselst das mit dem Kriegsverbrechertribunal. Ich erinnere mich sehr gut an Milosevic mit seinem verstörten Blick, gigantischen Kopfhörern und die Vignette *in The Hague* im BBC-Stream.«

Er: »Ich trau der BBC nicht. Genauso wenig trau ich Al Jazeera. Das ist so eindeutig, dass der Sender in den Händen der Saudis ist. Guck dir nur mal an, wie die über die Krim berichtet haben!«

Dieser Unsinn ist auch der Grund, warum ich ihm nichts über meinen Zustand erzählt habe. Dass ich eine gärende Welt in mir trage. Einen Braten in der Röhre habe. Dass ich der Ewigkeit Licht geklaut habe.

Ich will ihn vor diesem Geheimnis bewahren. Ich habe Angst, es könnte ihm massiven existenziellen Schmerz bereiten: Ein Linienflugzeug zieht vorbei – er erzählt von seiner Kindheit. Dass er fest daran glaubte, sein Vater sei Pilot, dass er sich immer noch so sicher fühlt wie ein Baby, wenn er die Geräusche von Take off und Landung hört (ich: »*sicher?*«), dass er sich immer und immer wieder das Wiedersehen ausgemalt hat: eine blaue, maskuline Uniform, die vor einem Teller Auberginen und Tomaten und Mozzarella an der Kaffeebar Termini auf ihn wartet. Eine Bar, in der die Baristas Schürzen tragen und kleine dreieckige Hüte, und sogar sie finden diesen Vater charmant, der so gutes Trinkgeld gibt und die Frauen bezaubert und wohlhabend ist und ein heimlicher Agent einer guten Nation, wenn es so was überhaupt gibt. Ich will diese Gefühle nicht durcheinanderbringen. Eine Sache, die ich aus den Actionfilmen an Lukas' Beamerwand gelernt habe: Vater-Sohn-Beziehungen schmerzen viel mehr als Hunderte von zivilen Verlusten in einer halbstündigen Verfolgungsjagd. Ich will Milo keinen Phantomschmerz zufügen, keine kreisenden Gedanken und stechenden Fragen nach dem eigenen Ursprung. Außerdem will ich nicht, dass er sich in meine privaten Angelegenheiten einmischt.

NACHDEM WIR ALSO eine Woche durch die Gegend gefahren waren, machten wir uns auf den Weg in die Østmarka, um der Verkehrspolizei zu entgehen. Ich nehme an, das war der Zeitpunkt, an dem ich mir einbildete, das alles könne gut gehen.

Vielleicht weil ich entdeckte, dass er auch still sein kann.

Er musste sich nur erst mal alles von der Seele reden. Er brabbelte etwas über Boris Johnson (oder war es der Tod von Muhammad Ali?), während wir den Tvetenveien hinauffuhren, als wir an Containern, Abfahrten, Lastwagen und Industrie, Reifenwerkstätten und Autowaschanlagen, einmal Waschen für 250 Kronen, vorbeidonnerten, vorbei an Schulen und Hijabs auf Spielplätzen, einer Kaserne, der Militärhochschule (»Zutritt verboten«), wo wir camouflagefarbene Panzer hinter einem Stacheldrahtzaun sehen konnten. Milo sagte: »Ich hab gehört, dass ihr euer Militär abschaffen wollt. Ist das nicht total bekloppt?« Wir zuckelten über einen Kiesweg, der sich zwischen Birken und Nadelbäumen hindurchschlängelte. Er fabulierte, dass Putin von Faschisten umgeben war, und ich ließ ihn reden, als wir aus dem Wagen kletterten, einen Pfad fanden, über Bäche sprangen, auf Moosen ausrutschten, und er nahm meine Hand, erzählte, dass er Edward Snowdon mehrmals gemailt hatte, nie eine Antwort bekommen hatte, und er hielt sie immer noch, als wir vor dem glitzernden See standen, der von dichtem Wald umgeben war. Wir setzten uns auf einen Felsen, ließen die Beine baumeln, und ein leichter Wind strich über unsere nackten Arme, und als er endlich fertig war mit seinen Ausführungen, dass Victoria Nuland »Vizeaußenministerin der USA herself!« offenbar hinter dem Putsch in der Ukraine stand, dass es Audioaufnahmen gab, wie die Amerikaner »helped midwife this thing« – soll heißen: den Regimewechsel vorantrieben – hielt er endlich die Klappe. Ein Stück weiter entfernt watete eine Schulklasse mit den Füßen im See. Zwei Männer mit ihren Angeln unterhielten sich in einer slawisch klingenden Sprache bei einem Dosenbier, und es verging eine knappe Stunde, bevor der Ort menschenleer war und alles still wurde. Abgesehen von den vibrierenden Libellen. Sie stiegen auf und standen in der Luft, wo sie sirrten und starrten, bevor sie weitersausten; abgesehen von den brummenden Hummeln, abgesehen von den planschenden Enten, mit dem Schnabel im Wasser, und Stöcke trieben und drifteten auf dem kristallblauen Wasser, ganze Reihen von Binsen schauten aus dem Wasser, ein paar kaum merkliche Wellen berührten die dunklen, durchnässten Blätter, und ich dachte: Hier ist nichts perfekt. Ich musste mich selbst daran erinnern: Sowieso ist nichts perfekt. Es gab keine Flächen, auf denen man gut sitzen konnte, alles bog und krümmte sich – Baumwurzeln, die in überwucherte Steine am Wegesrand hineinwuchsen und sich aufspalteten, und daneben spross etwas, das nach Rhabarber aussah, aber das war es nicht (ich aß ein bisschen was davon, aber es schmeckte total furchtbar), und zum ersten Mal seit Langem fühlte ich mich akzeptiert. Ließ – wie mir hinterher bewusst wurde – pathetische Gedanken zu, wie »ich bin eine Urfrau«. Ich trage das Schicksal meiner Art in mir, einen Keim, einen absoluten Anfang, eine imaginäre Größe, ein Versprechen, ein Potenzial, eine Vorstellung, eine Zukunft, und es fühlte sich an, als würde ich mit dem Wasser fließen, als wäre ich einem Naturgesetz unterlegen, als wäre ich das Glied zwischen Moosen und Kiefern und Steinen und dem säuerlichen Duft der Erde, und Milo reichte mir eine Gabel. Wir aßen Artischockenherzen direkt aus der Dose. Er unterbrach die Stille. Sagte, dass er, obwohl er ein wandelnder Unglücksrabe war, trotzdem auch Glück hatte. »Ich habe keine Abhängigkeiten, keine Allergien, im Prinzip kann ich essen, was ich will, aber halte dich von Büschen mit weißen Beeren fern! Die sind giftig.« Er legte die Gabel beiseite, streichelte meinen Nacken, erzählte, dass die Kaserne einen Internetzugang für Gäste habe, durch den wir uns wieder in die Zivilisation einloggen konnten. Ich war nicht sicher, ob ich das wollte. Ob ich mich nicht lieber in einer Höhle verkriechen sollte. Er massierte meine Schultern. Wahrscheinlich waren es solche Gesten, wegen denen ich mit ihm in der Marka blieb. Auch wenn er seine eigene Stärke unterschätzte und seine starken Finger gegen die Druckpunkte zwischen meinen Schulterblättern presste.

AUCH IN DER nächsten Woche dachte ich noch: Alles wird gut.

Vielleicht, weil ich besser schlief als jemals zuvor. Ich meditierte im Einklang mit dem Gezirpe der Grashüpfer. Vielleicht weil Milo nie mit diesen Sticheleien anfing, die von verschmähten Liebhabern zu erwarten waren. Fiese Gedanken, die tröpfchenweise hervorsickern. *Nicht gerade das schmeichelhafteste Bild von dir.*

Du bist inspirierend – aber vielleicht ein bisschen spießig?

Wenn du deinen Kiefer entspannst, geht das mit dem Küssen besser.

Du hast Angst vor der Liebe.

Solche Sachen. Vielleicht weil er nie neben mir wach lag, mit verletztem Stolz, nein, er war unabhängig, nicht needy, wie ein Atom mit einem Full House auf der äußersten Elektronenschale (oder was auch immer mein Chemielehrer dazu sagte – Milo: »Ich war gut in der Schule, bis zu dem Tag, an dem ich feststellte, dass die Antwort fast immer Photosynthese ist!«).

Und war er gut darin, unorthodoxe Schlafplätze aufzutreiben, wie er behauptete?

Keineswegs. Es war fast schon niedlich. An einem Nachmittag hatte er sich ein krasses Projekt überlegt. Hatte oben im Wald einen großen gefällten Baum gefunden. Kurz darauf lief er zwischen dem Baum und dem YouTube-Video auf meinem Handy hin und her, in dem ein Australier mit Rucksack, Allwetterjacke und Gummistiefeln erklärte, wie man Hütten baut. Er zog lange Äste vom Ufer hoch, sagte, er brauche sie als tragende Balken, und er sammelte Zweige und dicke Stöcke, und ich erinnerte mich, dass das Gapahuk, dass wir am Aktivitätstag in der Achten gebaut hatten, mehr Eindruck machte als das hier (das Einzige, was ich an diesem Tag gelernt hatte, war das Wort Gapahuk). Aber ich schätzte seine Mühen. Mir gefiel diese praktische Umsicht, die er damit bewies. Ich döste. Streckte mich nach dem Rocky-Mountain-Heft, das sich das Kaninchen mit seinen großen Vorderzähnen geschnappt hatte. Wir trugen einen kleinen Kampf um das Heft aus. Ich gewann. In dem Heft stand: Wenn totales soziales Chaos herrscht, sollte man nicht alleine sein. Man solle sich einer Gruppe anschließen oder zumindest einen Partner finden, wenn möglich den Winter meiden, und allzeit bereit sein. Wie bei einem Flugzeugunglück: Derjenige, der am Ende überlebt, hat sich vorher tatsächlich die Kopfhörer abgenommen und den Sicherheitsvorkehrungen aufmerksam zugehört. Derjenige, der überlebt, kehrt zurück zu seinen Wurzeln und ungeahnten kulinarischen Erlebnissen, wo das Verspeisen von Meerschweinchen nicht mehr verpönt ist, derjenige hat die Gabe, das Leben als eine Episode *Fear Factor* zu betrachten.

Ich erinnere mich, dass ich an diesem Nachmittag gekommen bin. Ich bin echt gekommen.

Ich hatte keine Ahnung, dass das in meinem Zustand

überhaupt möglich ist. Ich hatte das überhaupt nicht eingeplant (jep, so was kann man einplanen).

Ob es an seiner Zunge lag oder an dem warmen, kitzelnden Wind, oder an der Sonne, die meine Beine wärmte – ich weiß es nicht. Ich weiß nur, dass ich kam.

ER LIESS VON dem gefällten Baum ab und legte sich neben mich.

Sagte: »Ich gebe für heute auf.«

»Ich weiß deine Mühen zu schätzen«, sagte ich.

Er blinzelte mich durch seine progressiven Gläser an. »Du bist wie eine Löwin in der Savanne.« Und: »Deine Haut schimmert.« Er nahm seine Brille ab, dann meine. Sein Kopf verschwand, und er sagte kein Wort mehr. Kein Wort darüber, dass Kaninchen einen 360° Panoramablick haben und alles sehen können, abgesehen von einem Blindspot direkt vor ihrer Nase (»Überleg doch mal, Edda!«). Kein Wort über Victoria Nulands entlarvende Telefongespräche, kein Wort über Hillary Clintons schurkenhaftes Lachen, als sie die Nachricht erhielt, Gaddafi sei aus einem Betonschacht herausgezogen und mit einem Bajonett erstochen worden. Kein Wort darüber, wie sehr die kalabrische Mafia 'Ndrangheta in Oslos Immobilienmarkt investiert hatte. Nur seine Finger kommunizierten. Eine Wespe schwirrte vorbei. Ich spürte die Grashalme an meinen Zehen, und er strich mir über die Schenkel und sagte immer noch kein einziges Wort, und ich glaube, dass ich deshalb vergaß, wer er war. Er war irgendjemand. Er war Berührungen. Er war ein paar Hände, wir bestanden aus einem zufälligen körperlichen Aufeinandertreffen in der Natur, eine gewöhnliche Begegnung zwischen zwei Individuen der gleichen Art, und ich stellte mir nicht einmal vor, dass es Lukas' Fingerspitzen waren, die meinen Rücken herunterwanderten.

Die den Venushügel teilten, um Platz für die Zungenspitze und anderes zu machen.

Wir hatten Sex vor den Augen des Kaninchens.

Im Nachhinein wurde mir schlecht bei dem Gedanken, dass unsere Séance einen Zeugen hatte.

Und dann – im Gegensatz zu jetzt – bekam ich den nervigen Lärm der Krähen, die diesen See heimsuchen, gar nicht mit. Ich sah auch nicht die Überreste der Zivilisation, die abgebrannten Streichhölzer, den Take-away-Becher mit dem 7-Eleven-Logo. Plastiktüten, Einweggrills, benutzte Kondome und Spritzen – das hab ich mal irgendwo gelesen: Es ist eine Praxis bei Drogengeschäften. Wenn Schulden nicht beglichen werden können, wird der Schuldner mit in den Wald genommen und dort zu einem goldenen Schuss gezwungen. So steigt die Zahl der Drogenopfer, die Zahl der Morde nimmt dafür ab. Milo berührte mein Ohrläppchen. Der Zauber verschwand. Er sagte Sachen, die ich nicht hören wollte. Dass er sein Tinder-Konto an dem Tag, an dem er mich am Café Kotti traf, gelöscht hatte, und dass er viermal dorthin zurückgegangen war, um nach mir zu suchen. Er hatte mit dem Regisseur von *Gegen die Wand* einen Spliff geraucht und Poker gespielt, und der hatte bei jedem Einsatz die Phrase *When in trouble, double* rausgehauen. Diese Worte brachten Milo dazu, Berlin zu verlassen und mit 200 km/h gen Norden zu fahren, und ich murmelte auf Norwegisch: Es ist unglaublich, was Fantasien mit uns machen können.

GEHT DAS NUR mir so? Irritation nach einem Orgasmus? Als ich fertig war, stieß ich ihn von mir weg wie diamagnetisches Material. Ich wollte Abstand, verspürte Abscheu, konnte nichts anderes denken als »Du bist nicht er«. Ich stand auf (er war auf dem Gras eingeschlafen), ging ins Wohnmobil, um die Episode mit ein paar Aloe-Vera-Schlucken wegzuspülen, und merkte, dass alles nach Benzin roch. Dass die Wände dichter aneinander gerückt waren. Dass das dreckige Geschirr sich im Waschbecken stapelte, im ganzen Raum gab es keinen vernünftigen Abstellplatz, die Camper und die Sandalen, die dicht gedrängt am Herd standen, dass es permanent dreckig war (da wir aufgrund von Platzmangel immer auf derselben Stelle traten), unbewohnbar. Ein Notizblock lag auf dem Tischchen in der Sofaecke (mit angenagtem kariertem Stoff) – und es sah postapokalyptisch chaotisch aus, ganz zu schweigen von den Joints im Aschenbecher. Ronan schickte mir eine Nachricht – »Hello! Wo ist der Sicherungskasten? Und hast du einen Tipp, wo ich essen gehen kann?« – und ich dachte, »ich will nach Hause«. Ich schaltete die Lüftung an. Sie machte Krach. Ich antwortete Ronan – »Geh zu Schröder in St. Hanshaugen. Dort, wo Harry Hole immer abhängt« – und dachte an die Wärme, die unnatürliche Hitze, die gerade herrschte, dass sie mich verführt hat, mich hat glauben lassen, das wäre Oslo, dass diese windstillen Tropennächte kein Betrug waren, als würden sie nicht immer so unangemeldet kommen und uns zum Narren halten, bevor die Sommerferien und die Regenwolken kamen. Und danach der Winter. Durch diese undichten Fenster wird es ziehen. Ich versuchte, die Augen zu schließen, und dachte an die Pechschwärze, die sich irgendwann über uns legen wird, dass wir dann die eingebauten Lampen einschalten müssen. Ich testete die eine. Birne kaputt. Ich fluchte, weil es unmöglich werden würde, eine neue zu finden, weil diese Lampen nicht mehr kompatibel mit den heutigen Modellen sind, und ich schaute hoch zu den fürchterlich blauen Krankenhausröhren an der Decke, die flimmerten und surrten und definitiv von irgendwelchen unmenschlichen Teufeln designt worden waren, damit Junkies ihre Venen nicht mehr finden konnten. Ronan schickte eine neue Nachricht, fragte mich, wer Harry Hole sei, und ich hatte keinen Bock zu antworten, öffnete stattdessen den Browser, loggte mich über das Gästenetzwerk des Militärs ein und googelte Lukas. Ich bereute es, konnte aber nicht aufhören und erfuhr, dass er im August auf irgendeinem Resistance-Festival in Österreich sprechen und einen Talk zwischen einem theoretischen Marxisten, einem Blockupy-Aktivisten und einem Corbyn-Berater (und Susan Sarandon via Videokonferenz) moderieren würde. Das vernebelte mich noch mehr, ja, ich war besessen und wollte verstehen, worüber sie diskutieren würden (irgendein Plan D für ein unumgängliches Problem), bevor ich eine Nachricht an ihn komponierte. Und wieder löschte. Ich schaute eine halbe Stunde lang auf den Screenshot von dem Smiley mit Herzchenaugen aus unserem Chat. Löschte den auch.

04:02 UHR. Hier bin ich jetzt. Milos Pantoffel ist runtergefallen, ein Eichhörnchen trippelt über das Dachfenster, es ist total einfach, hier einzubrechen, man muss nur kräftig genug an der Türklinke ziehen. Milo dreht sich von mir weg, und ich denke, ich sollte mal auf Kikas SMS antworten. Oder mit Göran sprechen. Vielleicht kann er einen Job für mich auftreiben. Vielleicht hat diese Institution eine Funktion, vielleicht kann ich einfach in sein Büro reinrauschen und ihn mit den Erwerbsunfähigkeitspapieren entlasten – oder sollte ich Radovan anrufen? Ihn darum bitten, die nächsten Monatsmieten mit der Kaution abzuzahlen? Bis ich mein Leben wieder auf die Reihe bekommen habe? Das klappt sicher, sein Leben in drei Monaten wieder auf die Reihe bekommen.

04:10 UHR. Ich starre auf die Uhr, denke an all die idiotischen Deadlines, die man nicht einhält, hole mein Handy unter der Decke hervor und lese noch mal, was auf der Homepage des Gesundheitsamtes steht (die ich gestern Abend sehr intensiv studiert habe), von oben bis unten, wieder und wieder: »Zwei Ärzte müssen den Wunsch nach einem Schwangerschaftsabbruch genehmigen oder ablehnen.« Und: »Dieser Beschluss muss einstimmig sein«, und »sollte der Ausschuss den Wunsch abschlagen, wird automatisch eine Berufung an einen neuen Ausschuss an einem anderen Krankenhaus gemeldet ...« und »... der aus drei Mitgliedern besteht; zusätzlich zu den zwei ernannten Amtsärzten wird ein drittes Mitglied ernannt, vorzugsweise ein Jurist« – und ich stutze: Wie viele sollen in diesen Entschluss denn noch involviert werden?

Erst zwei? Dann noch mal drei? Also fünf?

Oder sind es erst zwei, dann dieselben zwei noch mal, und dann noch ein Dritter, der Jurist ist?

Oder meinen die, dass da noch ein Jurist zu den ersten drei dazukommt?

Und gibt es ein Standardformular, oder muss ich einen wohlformulierten Antrag stellen, und nicht zuletzt: Wie soll ich diesen gottverdammten Antrag an diese Engelmacher schicken?

Via Ole-Morten?

Oh Mann ey!

Autsch!

Eine Hand schlägt mir auf den Brustkorb – Milo hat beim Umdrehen aus Versehen zugelangt. Jetzt wacht er auf. Schmatzt, sperrt die Augen auf, schaut mich ein paar Sekunden lang an, gähnt lang gezogen, orientiert sich. Dann sagt er: »Ich hab nachgedacht.«

04:16 UHR. Ich: »Okay?«
»Erinnerst du dich an den Putsch auf Haiti?«
»Hm?«
»2004.«
»Nee.«
»Ich weiß noch, wie ich damals dachte, Amnesty muss die dümmste Organisation ever sein. Die veröffentlichten irgendwas, worin sie beinahe behaupteten, das Aristide-Regime sei vom selben Schlag wie die kriminellen Todesschwadronen, die sich durch das Land metzelten. Irgendwas läuft da gehörig falsch bei den Menschenrechtlern.«
»Wenn du meinst.«
»Er wurde nach Zentralafrika entführt. Geh nach Hause, Afrikaner, oder was? Und die waren natürlich von der CIA finanziert, seine Nachfolger.«
»Das war nicht der Präsident, der im Schlafanzug gekidnappt wurde?«
»Nein, das war der Putsch gegen Zelaya 2009.«
»Okay.«
»Honduras.«
»Mm.«
»Und ich finde, wir sollten über den Liberalismus ge-

nauso reden, wie die Liberalisten seit dem Fall der Mauer über den Kommunismus geredet haben.«

»Was meinst du?«

»Dass das ein gescheitertes Projekt ist. Werdet mal langsam fertig damit.«

»Verstehe.«

»Ja, das sollten wir wirklich.«

»Noch andere Sachen, über die du nachgedacht hast?«

»Glaub nicht.«

»Okay.«

»Shit, ist das hell in diesem Land.«

»Ich weiß.«

Dann schläft er wieder ein.

04:20 UHR. Das Eichhörnchen ist immer noch auf dem Dach. Ein Geräusch in Stakkato. Es mischt sich unter das Vogelzwitschern – die Scheißvögel, die die ganze Nacht am Start waren – und ich höre Rascheln aus dem Drahtkäfig des Kaninchens, es nagt am Gitter, und die Uhr tickt, und es wird immer heller. Ein Sonnenstrahl scheint auf das Werkzeug, das er gestern mit nach Hause gebracht hat. Es liegt kreuz und quer auf dem Tischchen unter uns. Schrauben. Schraubenzieher. Schraubenschlüssel. Ich meine zu spüren, wie er in mir etwas dreht. Spüre das Metall, das sich um meine Organe dreht, Haut und Gewebe durchdringt, Darm und Milz und Leber und Venen zusammenwickelt, und mir wird schwindelig vor Schmerz, und irgendwas platzt und quillt hervor. Erst in kleinen, säuerlichen Tropfen, dann in Blutströmen.

Ich will nach Hause.

In ein paar Stunden ist Schlüsselübergabe mit Ronan.

Ein paar Stunden noch – vielleicht sollte ich jetzt schon ins Zentrum fahren? Wie komm ich aus dem Bett, ohne mir den Kopf an der Decke zu stoßen, oder mich über Milo rollen zu müssen? Muss ich mich an der Wand entlangaalen? Mich so verbiegen, dass ich im 90°-Winkel in der Ecke zwischen Freuds Antlitz und dem Fußende liege und von dort aus meine Zehen Richtung Metallleiter strecken?

Ich stelle mir vor, wie ich mit dem Bauch zuerst aus dem Bett stürze.

SEITDEM WIR LETZTE Woche gevögelt haben, macht das Kaninchen mich nervös.

Wir sind nicht sicher, ob es ein Männchen oder ein Weibchen ist.

Keine Ahnung, wie man das an einem Kaninchen erkennen kann – Milo nennt es mal Hamlet, mal Ophelia, und ich denke ans Sein oder Nichtsein, während er unzählige YouTube-Videos heruntergeladen hat, um diesem Tier auf den Grund zu gehen: Er leiht sich mein Handy, schließt die Browserfenster danach nicht, und ich werde mit Dingen konfrontiert, die ich am liebsten niemals gesehen hätte. Wie das Video, in das ich gestern Nachmittag reingestolpert bin: Derselbe Allwetterjackenaustralier, der Milo Hüttenbautipps gegeben hat, erklärt, wie man Kaninchen auf humane Weise erschlägt. (Ich wiederhole: human!) Er trägt braune Gummistiefel und sitzt auf einer Wiese mit dem armen, schlaffen Kaninchen unter seinem Knie (ich hab den Verdacht, dass es schon längst tot ist), sein Blick in die Kamera gerichtet, ein verantwortungsvoller Zug im Gesicht, der Wind rauscht im Mikrofon. Er sagt, es gibt zwei Methoden. Nummer eins: Leg eine Hand um den Nacken, heb es hoch, platziere den Rücken der anderen Hand am Kinn und drücke den Kopf so weit wie möglich nach hinten, bis du ein Knacken hörst. *Knack*. Er demonstriert die Methode. Zoomt näher. Zeitlupe. Dann Nummer zwei: Heb das Kaninchen mit einer Hand an den Hinterbeinen hoch, sodass der Kopf automatisch nach hinten wippt, greif mit der anderen Hand um den Hals, setz die Finger unters Kinn, den Daumen an den Hinterkopf, drück so weit wie möglich, während du das Tier lang ziehst, bis der Nacken bricht: »Unmittelbarer Tod.« Er empfiehlt, erst mal an toten Kaninchen zu üben, nicht an lebendigen, bevor er versichert, dass *in the making of the film* kein Tier getötet wurde, und ich konnte mir die aufkommende Übelkeit nicht erklären. Das Karussell in meinem Kopf: Ich wusste, dass es bei diesem Wesen keine bedingungslose Liebe zu holen gab, es trat streitsüchtig mit den Hinterläufen und schnappte nach mir, jedes Mal, wenn ich versuchte, es auf den Schoß zu nehmen, und ich wusste, ich bin inkompetent, ich bin eher von der *Idee* Kaninchen fasziniert als vom tatsächlichen Kaninchen in Fleisch und Blut (ich erinnerte mich an die Symbolhaftigkeit des Kaninchens aus einem Kunstseminar, das ich besucht hatte – dass es Frühling, Ostern, Lust, die Jungfrauengeburt, die Auferstehung Christi und die jüdische Diaspora repräsentieren kann, je nach dem, wen man fragt) – trotzdem wurde ich an diesem Nachmittag von Sentimentalität erfüllt. Kniete vor ihm nieder. Hamlet, Ophelia. Das kleine Köpfchen, der kurze Hals, die kurzen Vorderbeine, es saß einfach nur da, reserviert und passiv, und es sah wirklich nicht danach aus, als lebe es das Leben in vollsten Zügen, aber who am I to judge? Dann wurde es aggressiv. Ich versuchte, es an mich ranzuziehen, aber es kratzte mich mit seinen Krallen und fing an zu fauchen. Starrte mich mit seinen roten Augen an und pflanzte seinen Hintern auf den Boden, und es sah aus, als würde es gleich einen Satz machen. Sich im Angriff auf mich stürzen. Es trippelte hin und her, wie in einem Standoff, und ich war ganz konsterniert, spürte den hämmernden Herzschlag in meinem Körper, meine Hand zittert, dieses kleine Ding. Ein wahrer Teufel. Es wollte mich beißen. Mich entzwei kratzen, ich konnte es an seinen zitternden Schnurrhaaren sehen, an seinen Nasenlöchern, die sich weiteten, in seinem Blick, bereit, mir den Garaus zu machen, und es kam zu dem Punkt, an dem ich dachte: Du oder ich. Wenn ich wollte, könnte ich einen Pelzmantel aus dir machen.

Dann kam Milo nach Hause.

Er zischte: tss, tss, tss, und das Kaninchen zog sich zurück. Begann, an einem Blatt zu nagen, als wäre nichts weiter passiert. Und Milo erzählte, dass er beim Werbefilmdreh für den Elektrofachhandel Elkjøp fast vom Set geworfen wurde, weil seine Handbewegungen etwas zu heftig waren für das, was man bei einem Statisten für eine Waschmaschinenwerbung akzeptieren konnte. Dann erzählte er mir, dass er den Clas Ohlson entdeckt habe, »die haben da alles! Kabel, Drohnen« und Werkzeug, mit dem er jetzt den Radiowecker reparieren konnte, und ich verbot ihm, auch das Display meines Handys zu reparieren, bevor ich behauptete, einen Sonnenstich zu haben, ins Wohnmobil ging und vor ihm verbarg, dass ich hyperventilierte.

DOLLIE

04:50 UHR. Ich denk ganz bestimmt nicht an das, was ich danach tat.

ICH WUSSTE, dass diese Zivilisation meine Tragödie werden wird. Ich wusste, dass sie für Lukas wichtiger war als ich, und ich verspürte den Drang, ihn dafür zu bestrafen, aber ich hielt mich zurück wie eine respektable Frau und ärgerte mich im Stillen. Darüber, dass ich nicht mehr sehen konnte als seine öffentlichen Facebookposts, weil ich ihn während der Passkontrolle an der Grenze zwischen Dänemark und Schweden entfreundet hatte. Scheiß Passkontrollen. Und ich kann ihn nicht mal neu adden, weil er dann 1.) mitbekommen würde, dass ich ihn überhaupt erst entfernt habe (wenn er das nicht schon längst bemerkt hat) und 2.) sieht, wie ich vor meinem Plan, mein eigenes Ding zu machen, kapituliere, verwelkt und erschöpft. Ich versuchte, ihm eine Nachricht zu schreiben. Eine Mail, die keinerlei Hinweis enthielt, dass ich wusste, wo er steckte oder wohin er wollte. Ich öffnete ein Word-Dokument. Stellte eine nüchtern wirkende Schriftart ein. Calibri. Schriftgröße zwölf.

Und ich versuchte mich an einem Entwurf:

HI. BIST DU *noch in den Staaten? Da ist was, das du wissen solltest ...*

DEN ICH LÖSCHTE. Zum Glück. Alles daran war falsch. Wie das Fragezeichen. Man sollte in einer Nachricht nie ein Fragezeichen benutzen. Das signalisiert das Bedürfnis nach Bestätigung, ein Zeichen der Schwäche, auch wenn es um unkomplizierte Sachverhalte wie *in welchem Land befindest du dich gerade* geht, es sagt: Ich brauche dich, ich verzehre mich nach einer Antwort von dir, mir fehlen Elektronen auf meiner äußeren Schale.

HI. ICH MUSS *dir was sagen: Ich bin schwanger. Und es besteht eine gewisse Chance, dass du der Vater bist. Dachte es wäre anständig, Bescheid zu sagen (vgl. Bridget Jones' Letzter). Meld dich, wenn du zurück in der Stadt bist.*

AUCH DIESEN VERSUCH löschte ich. Grämte mich, wie sich das Wort *muss* sofort in den Text reinschummelte. Wollte ich, dass er mich so vor sich sah, so needy? *Muss* – das abtörnendste Wort des gesamten kollektiven Vokabulars – und außerdem: Seit wann wirkte *gleich zur Sache kommen* jemals auf irgendwen attraktiv? Geschweige denn anständig sein?

Wer wird für seine Anständigkeit geliebt?

Ich schrieb und las und redigierte und löschte und schrieb von Neuem, und die Worte leuchteten grell, und ich hasste jede einzelne Formulierung, sie strotzten nur so vor Forderungen: sieh mich, akzeptier mich, liebe mich. Ich versuchte, taktisch zu denken: Eine tüchtige Jägerin kreist ihre Beute ein und hat ein gutes Timing. Sie lauert, sie wartet, sie lockt, sie neckt, sie baut sich nicht vor der Beute auf und offenbart ihr Anliegen ohne Strategie. Sie macht es wie Theodore Roosevelt gemäß dem Klassiker *How to Win Friends and Influence People*: Sie liest die ganze Nacht hindurch über die Themen, die den Gesprächspartner interessieren. So kann sie pikante Fragen stellen. So kommt sie nicht aus dem Konzept, sondern versteht, worauf er sich bezieht, denn sie hat die Zeitschriftenartikel gelesen, sie kennt die Namen, die er erwähnt, sie kann sogar mit ein paar Fun Facts aus dem Leben dieser Leute aufwarten, ja, Hintergrundinformationen, die sie in witzige Wendungen verpackt. Und nicht so passiv-aggressiv wie:

Dass Althusser seine eigene Frau ermordet hat, ist die einzig relevante Information, die ich über ihn brauche.

DAS HAB ICH zum Glück auch nicht abgeschickt.

Ich gab auf, erinnerte mich an die Worte meines Fahrlehrers: Du bist *zu* vorsichtig, hältst dich *zu* sehr ans Buch, bist *zu* theoretisch, *zu* unsicher, *zu* stolz, *zu* berechnend. Außerdem ist es falsch, dass du nicht auf deine Intuition vertraust. Aber ich hatte keine Ahnung, was richtig war. Einige Minuten starrte ich auf den Bildschirm – oder war es eine Viertelstunde? Eine Dreiviertelstunde, bevor ich den verdammten Franzosen Louis Althusser googelte und mich über sein Aussehen grün ärgerte? Dass er eine dandymäßige John-Kerry-Frisur hatte, einen leblosen Silberblick, einen Pullover mit V-Ausschnitt trug und eine Pfeife zwischen den schlaffen Lippen hing. Ich lud den Essay herunter, von dem Lukas letzten Herbst geredet hatte, *Contradiction and Overdetermination*, und quälte mich da durch, vom ersten (*In an article devoted to the Young Marx, I have already stressed the ambiguity of the idea of »inverting Hegel«*) bis zum letzten Satz (*we can then escape from the ambiguities and confusion of the »inversion«*). Das war das Ultrapathetischste, das ich jemals gelesen habe. Der Artikel war pompös-prätentiös, unzuverlässig und fahrig, und ich konnte mir nicht erklären, wie das ein Klassiker werden konnte, dass er überhaupt gelesen, übersetzt und zitiert wurde und dass niemand gegen seine elenden Metaphern Widerspruch eingelegt hat, zum Beispiel die, dass Russland schon in den Jahren vor 1917 mit einer Revolution *schwanger* ging. Oder dass das Antike Griechenland mit Rom preggers war – er war ganz vernarrt in dieses Bild. Der Frauenkörper, seine Fruchtbarkeit, die Fähigkeit, Leben auszutragen. Zwischen seinem Rumgenerve um Zweideutigkeiten kam dieses Bild öfter vor, und er hatte nicht die geringste Ahnung, wovon er sprach. Keinen Plan davon, was Widersprüche waren, was es bedeutet, ein akutes Problem in sich wachsen zu wissen, vom Körper erschaffen, aber ihm trotzdem fremd; ein Parasit. Der sich von dir ernährt, an dir zehrt, von dir lebt, den du im einen Augenblick ablehnst, im nächsten festhältst (Kotzen, full stop, Kotzen, full stopp?). Ich dachte: Lieber Herr Althusser, haben Sie jemals erwogen, Teer zu essen? Benzin zu trinken? Bleichmittel? Ich klickte den Essay weg, und mich überkam eine niederträchtige Lust, seine Milz mit Kugeln zu durchlöchern. Ich erinnerte mich an ein Gespräch mit Kika. Ich hatte Lukas mit Verweis auf die sonderbare Korrespondenz zwischen Albert Einstein und Mileva Marić in Schutz genommen. In der darauffolgenden Woche stand sie mit einem Comicbuch vor der Tür, mit einem Streifen über dieses Pärchen, und sagte »hier steht die Wahrheit«, und ich hatte noch eine vage Erinnerung an diese alternative Geschichte über die verschmähte Geliebte. In einem Versuch, mein Gedächtnis aufzufrischen, gab ich *Albert Einstein* ins Suchfeld ein, und saß vor einem Haufen Artikel. Über die Relativitätstheorie, darüber, dass er 1952 das Angebot, Israels Präsident zu werden, dankend abgelehnt hatte, dass sein Gehirn kurz nach seinem Tod aus dem Krankenhaus gestohlen wurde, erst als ich die Worte *AND Boyfriend* im Suchfeld ergänzte, fand ich etwas Interessantes. Und es machte mich wütend. Es war ein Blogeintrag, geschrieben von einer schwedischen Feministin, mit dem Titel *The Worst Boyfriend Ever*.

Dann schrieb ich eine Mail mit Ausrufezeichen.

Diese Mail widersprach meinem Charakter und der Daumenregel: Schreibe niemals Nachrichten, die länger sind als dein Daumen.

Auch die sporadischen Versalien hätte ich mir sparen können.

Und ich konnte nur hoffen, dass Lukas so blasiert war, dass er den Inhalt oder Ton der Nachricht nicht zur Kenntnis nahm, dass er sie vor dem Lesen löschen würde oder sie so schnell vergaß, wie Milo Gesprächsthemen wechselt – damit ich in einem Monat einen starken Auftritt hinlegen kann. Ungefähr ein Monat: Das ist die empfohlene Zeitspanne für den vollständigen Kontaktabbruch, damit dein Ex vergisst, dass du deine Selbstachtung verloren hast. Das gesamte Bloggeruniversum ist sich bei diesem Quarantänezeitraum einig. Alternativ hoffe ich, dass er die Nachricht als ironisch interpretiert, als Humor, oder noch besser, als ein interessantes Apropos zu einer aktuellen fachlichen Debatte. Falls er die aggressive Syntax und die indignierten Fragen außer Acht lässt – könnte ja möglich sein, dass er diesen Beitrag (im Deckmantel einer SMS) als eine kritische und höchst passende feministische Lesart der Wissenschaftsgeschichte auffasst, nicht weniger. Er ist

Fachmann und trotz allem Mitglied akademischer Kreise: die albernste Branche der Welt. Er muss viel Schlimmeres gewohnt sein, zum Beispiel in klammen Seminarräumen mit stichelnden Kommentaren genüsslich auseinandergenommen zu werden, und ich dachte über mich selbst: Idiotin.

Es gibt einen Grund dafür, dass er nicht geantwortet hat.

Dass er keinen Ton von sich gegeben hat in diesen acht Stunden, in denen ich wach lag, was nicht an der blendenden Sommernacht lag.

SCHACHKOMMENTATOREN WARNEN DAVOR: Wenn man zu lange nachdenkt, macht man am Ende nur einen absurden Zug ins eigene Verderben.
Ich drückte *Senden*.

Weißt du noch, als wir über Albert Einstein und Mileva Marić gesprochen haben? Über John und Dollie? Dass er ihr das Preisgeld von seinem Nobelpreis-Gewinn gegeben hat? Offensichtlich eine Selbstverständlichkeit! Ein BISSCHEN sollte man schon abkriegen, wenn man die Relativitätstheorie ERARBEITET hat, findest du nicht?

Was du vielleicht nicht wusstest: Tatsächlich wurde ER zu einem Genie erklärt, und zwar für die Forschung, die SIE gemacht hat, bevor er sie auf BRUTALSTE Weise abgeschossen hat, ALLEIN gelassen mit ihren BEIDEN GEMEINSAMEN (!) KINDERN! Hoffe, dir geht's gut.
H.

Und hasste mich selbst mehr als je zuvor.

ZWEITES TRIMESTER

05:32 UHR. Ich fasse einen Entschluss: Hier drinnen ist die Luft so schlecht. Ich hab keinen Bock mehr zu warten. Ich setze mir die Brille auf, aale mich an der Wand entlang, klettere (so lautlos wie möglich) die Metallleiter herunter und sneake mich raus.

Gehe zur Haltestelle Trosterud.

Über den verlassenen Schulhof, vorbei am Supermarkt, am Schild der Gemeinschaftspraxis Alna, am Lottoladen und am Café Memento Vivre mit seinen lila Tischdecken und Servietten mit dem Motto *Es ist besser, etwas zu machen, was man später bereut, als* bla bla bla. Ich laufe die Treppen zum kühlen Bahnsteig hinunter. Zu rissigen, schmuddeligen weißen Wänden mit Reklametafeln: Mobilfunkanbieter, die einen in alle Herren Länder nach Hause telefonieren lassen, und *Singing in the Rain*-Vorstellungen im Folketheater, und jemand hat *I love sluts* an die Wand getaggt. Nichts davon geht mich irgendwas an. Auch nicht der Geruch nach Morgenmüdigkeit: Hart arbeitende, ehrliche Menschen mit Schlaf in den Augen warten geduldig auf die Linie 2, die nach ein paar Minuten kommt, und ich setze mich allein auf einen Fünfsitzer und starre aus dem Fenster und in die Spiegelung, auf Köpfe in Handflächen und Ellenbogen an Fenstern, an denen auf der einen Seite die Villen, an der anderen hohe Häuserblocks vorbeiziehen. Zäune, die den Lärm abschirmen und die Haltestelle Haugerud. Ab hier hab ich keine Ruhe mehr. Ein lesbisches Pärchen setzt sich neben mich und unterhält sich über Uri Geller und die Macht der Gedanken, dass der Freund eines Freundes eines Freundes ihn angezeigt hat, weil er ihm einen Hunderter durch den Fernsehbildschirm geklaut habe, und der Mann mir gegenüber, der nach einer Mischung aus Kaffee und Apfelsinen riecht, erzählt mir, dass es in Marokko wärmer ist als in Norwegen. Ich nicke, lächele freundlich, schaue auf mein Telefon. Da fällt mir eine Amnesty-Kampagne von vor ein paar Jahren ein: ein Bild von einem brutal misshandelten Mann, mit Hämatomen und offenen Wunden und der Information *Es ist keine Folter, auf die Antwort deines Freundes zu warten*. Ich lege das Handy weg, nehm es wieder heraus, gebe den Code ein und bin genauso enttäuscht wie jedes Mal. Ich überlege, ihm eine weitere Nachricht zu schicken und zu sagen, dass die letzte Nachricht nicht an ihn gehen sollte. Schadensbegrenzung. Ich schließe die Augen: Guck nicht mehr nach! Rein und raus aus Tunneln. Ich weiß nicht, ob es die Spiegelung oder meine Schlaflosigkeit ist, die mich in den dunklen Scheiben alles vierfach sehen lässt. Brücken mit Aussicht auf den beginnenden Morgenbetrieb. Ein Typ, der sich an die Notbremse lehnt und über Headset mit jemandem telefoniert, den er »mein Bruder« nennt, neben einem Mädchen mit dickem geflochtenem Zopf und zusammengewachsenen Augenbrauen und eine gelbgraue Mauer mit merkwürdigen Kunstapplikationen an der nächsten Haltestelle. Baracken und verlassene Häuser an den Schienen, und es gibt jetzt ein Sushirestaurant in Brynseng, neben einer Installateursfirma, ich glaub, das war hier noch nicht, als ich das letzte Mal in dieser Gegend war, vor zehn Jahren, wenn ich mich recht erinnere, auf einer Party in einer Hip-Hopper-WG, und ich stelle mir Installateure vor, die Sushi essen, und dann halten wir in Helsfyr, wo es genauso aussieht wie an der Haltestelle Tveita. Eine Frau verteilt Zettel und Papiertaschentücher und Fotos von ihren Kindern in Rumänien. Erst jetzt fallen mir die grauenhaften türkisgrünen Badezimmerfliesen an den Wänden der Haltestelle Tøyen auf. Ich steig in Grønland aus. Es tropft von der Betondecke. Ein Kiosk wird gerade geöffnet. Ich kaufe mir einen Take-away-Kaffee, sehe auf die Uhr und komme zu dem bitteren Schluss, dass die nächsten Stunden unerträglich langsam vergehen werden, bevor ich mit Ronan um zwölf Uhr Schlüsselübergabe mache. Besonders, wenn ich unter keinen Umständen auf mein Smartphone schauen darf. Ich habe Hunderte von Seiten im Browser geöffnet: Blogs, *How-to*-Artikel, Tipps, wie man geliebt wird, und *Women on Waves* – diese niederländischen Feministen, die Mifepristone und Misoprostol in anonymen Briefen an Frauen in Schwierigkeiten verschicken. Und die schreiben, dass es nichts bringt, die Pillen nach der neunten Woche zu nehmen. Darum macht es auch keinen Sinn mehr, dass ich die Produzenten in Bangladesch kontaktiere. Warnhinweise, nicht auf Schwindler hereinzufallen, die Zuckerpillen ohne Effekt vertreiben. Und drei Artikel über Polen: Der Teufel hole die polnische Regierung, der scheiß Zwillingsbruder, der nicht beim Flugzeugabsturz ums Leben kam, demonstrierende Frauen – sie verlassen Gottesdienste im Protest und erstellen Memes von Eierstöcken mit Stinkefinger. Ich schließe ein Fenster nach dem anderen – alles Antworten auf die Suchanfragen, die mir im Kopf herumgeschwirrt sind. *What if he doesn't answer?*, hatte ich geschrieben, und sofort ploppten unzählige Artikel über Gott und Gebete auf. Ich lernte, dass man nie dafür beten solle, etwas zu bekommen. Man solle immer für andere beten, für ihre Gesundheit, ihre Sicherheit. So etwas würde mir nicht im Traum einfallen, aber da ist bestimmt irgendwas dran. Ich spaziere durch Grønlandsleiret. Vorbei an Kachori mit Fleisch, eine Handvoll Pakoora, nicht identifizierbares paniertes Gemüse und Golden Dragon und große Pizzen für 98 Kronen und am Churros-Wagen am Vaterlandspark mit einem gigantischen Vorhängeschloss an der Klappe. Setze mich in den Starbucks in der Torggata mit Blick auf Oslo Sportslager. Leselampen über den Tischen und fake Ledersessel, fake Holzverkleidung, schwarzer Linoleumboden, die Weltkugel als Wandmalerei und Pin-Codes fürs Klo. Ich buchstabiere mich durch das Kaffeemenü und bestelle das Tagesangebot. Ich muss meinen Vornamen hundertmal sagen, bis der Teenager hinterm Tresen ihn verstanden hat, trotzdem ruft sie »Ebba«, als der Kaffee endlich fertig ist. Er ist bitterer als Milos. Die Menschen sehen alle gleich aus: Alte mit formlosen Klamotten und Teenies mit dicken, angemalten Augenbrauen, die ihren Kaffee mit Strohhalm und Sahne trinken und Piercings bis hoch an die Knorpel haben, ohne deswegen Punks zu sein. Slawische Phonetik. Ich denke an den Ausschuss. An Ole-Morten. Klicke vierzehnmal auf *Agree*, bevor ich ins WLAN-Netz komme, kriege die Info *Der Server konnte nicht gefunden werden*, und ich refreshe und ärgere mich über die picklige Barista, die den Tisch abräumt, als wolle sie mich damit auffordern zu gehen, aber ich weigere mich. Und die Neunziger sind wieder zurück.

Sie spielen einen Remix des norwegischen Schlagers »Das Hirn ist allein«.

Und ich denke, mein Hirn ist jetzt weniger allein: weniger allein mit den unzähligen offenen Fenstern auf meinem Smartphone, weniger allein, solange es 4G und einen vollen Akku gibt, dass all diese Fakten Verlängerungen meiner Gedanken sind, dass ich zu einem Kollektiv gehöre. Zum ersten Mal spüre ich, dass ich der Teil von etwas Größerem bin: Als ich anfange, eine neue Frage zu tippen, weiß Google schon, worauf ich aus bin. Algorithmen, die aufdecken, dass vor mir schon Millionen andere diese Frage gestellt haben: Abtreibung nach Woche zwölf? So viel komischer Stoff. So viele Kräuter, die man in sich reinstopfen kann, so viele Hausmütterchentipps, so unproblematisch – genauso alltäglich wie, wenn's ums Entfernen von Hühneraugen geht, ein historischer Artikel, (dessen Wahrheitsgehalt ich – aufgrund der Schriftart – anzweifelte) darüber, dass sie im 19. Jahrhundert erst von einer Abtreibung sprachen, wenn der Fötus schon treten kann, ja, alles davor war Menstruationsregulierung, und ich halte inne und warte. Da tritt noch nichts. Ich hab kaum zugenommen. Ertappe mich bei dem Gedanken, dass

Priester ihre Strategie ändern müssten, sie sollten für eine Aufhebung der Frist plädieren und sagen: Denk nach, so lange du willst, kein Druck, keine Deadline, denk einfach nur nach, denk, denk, denk. Das wäre auch im Sinne des Fötus. Es fällt schwerer, etwas zu töten, von dem du spürst, dass es schon lebt, oder? Ja, desto schwieriger wird es, das Leben aus dem Bauch zu saugen, diese elektrische Pumpe, über die ich gelesen habe, von der ich Bilder gesehen habe – eine Schlange, die in die Scheide eingeführt wird, nachdem diese mit einem kalten Metall ausgeweitet wurde, das mich an diese einmalige Sache vor vierzehn Jahren mit einem gewissen Rasmus in Stockholm erinnerte. Der sich in mich hineinkämpfte. Und sich hinterher darüber beschwerte, ich sei zu eng. So jemand Engem sei er noch niemals begegnet. Ich versuchte, ihm zu erklären, dass da mehr Platz ist, wenn die Lust kommt, aber er bestand darauf, dass mit meiner Anatomie etwas nicht stimmte. Als ich Kika ein paar Tage später davon erzählte, meinte sie, ich solle das als Kompliment auffassen – »alle Mädels wollen da unten doch eng sein!«, versicherte sie mir – und ich vergab ihr, denn wir waren ja erst neunzehn. Ich ging in das Gelbe Haus am Carl Berners Platz, wo mir die Gynäkologin versicherte, ich sei total normal, egal wie sehr ich ihr widerspräche, und ich weiß noch, dass sie im Wartezimmer *Alle lieben Raymond* in Dauerschleife zeigten, nur unterbrochen durch einen Journalisten des *Dagbladet*, der hereinkam und ein bisschen zu laut verkündete, er bräuchte Quellen für eine Reportage über Chlamydia, und keiner von uns Wartenden sagte ein Wort. (Wir waren genauso stumm wie in der Sexualkundestunde in der siebten Klasse, als wir einen Ausflug hierhin machten und der Klassenlehrer uns zwang, Kondome über gigantische Dildos zu ziehen, die uns allen aus unterschiedlichen Gründen einen Riesenschock verpassten. Die Mädchen: Soll dieses *ganze* Ding da in mich rein?! Die Jungs: Sollte ich eigentlich *so* groß sein?)

DIE MACHT DER Gedanken: Ich rede mir ein, dass dieses Problem ohnehin albern ist, ebenso weiblich wie monatliche Krämpfe und simulierte Orgasmen – dass *nichts Menschliches uns fremd ist.*

Ich lege ein anonymes Profil bei GoFeminin an.

Die Barista wischt schon wieder den Tisch, aber ich weigere mich immer noch, ihrer versteckten Aufforderung nachzukommen, bleibe sitzen und klicke mich durch das Forum. Die Threads heißen *Neubau – wessen Verantwortung ist die Feuchtigkeitsmessung?* und *Was kostet die Straßenreinigung?* und *Ist Miley Cyrus wirklich Feministin?*. Ich starte ein neues Thema und rufe zu Seriosität, Sachlichkeit und Freundlichkeit auf.

Frage: *Bin in Woche 13 – wie werd ich den Kram wieder los?*

DANN KIPPE ICH den letzten bitteren Kaffeerest hinter und verlasse den Tatort. Die Straße erwacht zum Leben, die Gemüsehändler öffnen ihre Läden, sie tragen Kartons mit Tomaten nach draußen und spritzen die Bürgersteige ab. Ich gehe die gepflasterte Torggata entlang, frage mich, was aus dem Marino Grill und dem Mediterranean und Bari Pizza geworden ist, wann der Shish-Kebab und der spottbillige Herrenfriseur gegen schweineteure Klamottenläden und Burgerrestaurants mit den immer gleichen Senf- und Ketchup-Flaschen getauscht wurden, während ich die Nummer des Athener Flughafens in mein Handy tippe. Keine Antwort; *keiner* antwortet mir. Ich denke, es könnte sich auch mal jemand kümmern, und wische mir eine Träne weg. Und was ist eigentlich mit Kimmys Nail & Hair Salon passiert, frage ich mich – auch spurlos verschwunden. Tief einatmen, kühlen Kopf bewahren, ein Blick auf die Uhr, schon nach neun, und ich geh wieder zurück nach Grønland, laufe die Motzfeldts gate zwei-, dreimal rauf und runter, werde von vier Personen nach Geld gefragt, unabhängig voneinander, bevor ich an dem Typen mit dem Hoola-Hoop-Reifen und der Jesus-Tunika vorbeigehe, der ein Straßenmagazin verkauft und fast schon eine urbane Legende ist. Ich laufe ohne Ziel. Betrachte das Gelände. Es ist später Juli, die Stadt ist fast tot, Parkplätze sind leer, und ich laufe an einem verwirrten Interrailer vorbei, der mich fragt, wo das Vestlandet ist. Rauf zum Gefängnis, über die Brücke nach Sørenga. Bis an die Spitze des Holzstegs, mit Aussicht auf die Schären und wieder zurück in die Abgase, wo ich mich dabei ertappe, dass ich einfach nur an der Ecke zwischen Hollendergata und Grønlandsleiret rumlungere, wie die Vagabundin, die ich jetzt bin. Ich bin infiziert. In der Nachbarschaft sind gerade drei Wohnungen zur Besichtigung ausgeschrieben. Sie wollen das ganze Viertel verhökern. Alles wird verkauft –, und ich denke wieder an Griechenland, lehne mich gegen die Betonwand und schaue zu meinem Fenster hinauf, wo das Licht brennt, in meinem Zuhause. Die superzentrale Vermietmaschine. Es leuchtet in der Ferne, und ich steh dort und lunger rum, bevor ich endlich die Treppen hinaufgehen und Ronan rausschmeißen kann, der nervtötend gut gelaunt ist.

Er beschwert sich nicht einmal über die Preise der Stadt, sondern vergleicht lieber Wikinger mit dem IS. Sagt, die tödlichste Waffe sei der Wille zu sterben.

Ich frage mich: Wie haben eigentlich die Wikinger abgetrieben?

Ich spüre einen undefinierbaren Schmerz in der Schulter und dass mein Herz hämmert, während Ronan am Reißverschluss seines Koffers herumfummelt. Ich sehe ein Bild von meinem eigenen Rollkoffer vor mir aufblitzen und sehne mich nach meinem Zuhause. Mehr als je zuvor. Ich will einfach nur, dass er geht. Er kriegt den Reißverschluss nicht zu. Er müht sich ab und zerrt an ihm, während er ausführt, dass aussichtslose Situationen eine Todesideologie erfordern, also dass man in den Himmel kommt, wenn man im Gefecht stirbt, oder dass Hunderte von Jungfrauen auf einen warten, und er redet weiter über die Halbinsel Bygdøy und seine Schiffe und Museen und wie krass es ist, Schifffahrt aus »der Perspektive der anderen« zu studieren, und als er endlich den Reißverschluss zubekommt, mit einer übertriebenen Armbewegung, stößt er im selben Moment gegen meine Kommode und schmeißt eine Vase um. Er springt auf, entschuldigt sich und entschuldigt sich, holt eine Kehrschaufel, trotz meiner Proteste – »danke, aber ich mach das schon« –, und sammelt die Scherben auf, wirft sie in den Restmüll, und ich hab keinen Bock, ihn auf die Mülltrennung hinzuweisen, nicke und lächele stattdessen und erfahre eher am Rande, dass gestern ein Mann zum Kontrollbesuch hier war – der Hausmeister? Die Feuerwehr? Radovan? – bevor ich ihn endlich aus der Wohnung habe. Und alleine bin.

ICH DENKE, Gott, wie ich diese Wohnung vermisst habe.

Die hellblauen Laken, die Bilderrahmen, die mich seit Jahren nerven, die Regale mit Plath und Kundera und Lena Andersson, wie eine Erinnerung daran, dass die Hoffnung ein Schädling ist.

Es gibt einen Widerstand bei dem, der fortwill, eine Furcht vor dem Unbekannten, vor dem Streit und vor der Reue. Wer nicht verlassen werden will, sollte diesen Widerstand ausnutzen. Aber dann muss er das Bedürfnis nach Klarheit und Aufrichtigkeit unterdrücken. Die Angelegenheit darf nicht in Worte gekleidet werden. Ich weiß noch, wie ich diese Sätze unterstrichen habe, als ich sie im Winter gelesen habe. Das war meine Bewältigungsstrategie im Falle Lukas.

Ich schalte den Fernseher ein. Ein Immobilienprogramm, in dem ein paar Maklertrottel den Preis eines herrschaftlichen Hauses auf der Insel Malmøya erraten sollen. Es ist so langweilig, dass es wehtut, aber ich brauche ein paar Stimmen im Hintergrund, brauche das Gefühl, irgendwie mit der Welt verbunden zu sein. Ich ziehe das Bettzeug ab, stelle eine Maschine Wäsche an, bring den Müll raus, schrubbe die Dusche und redigiere im Kopf mögliche Formulierungen für Ole-Morten. Wie ich ihm erkläre, was bei meinem letzten Arzttermin passiert ist. Wie ich ihm eventuell ausweichen könnte. Wie ich mir einen neuen Hausarzt suche, wie ich irgend so einem Privatmedizinspekulanten mein Anliegen vortrage. Ich denke, dass die kommerziellen sicher die besseren sind. Die pfeifen auf die Moral, das liegt ja in deren Natur, und ich will niemanden in meine Lebensentscheidungen involvieren, der jünger ist als ich. Aus Erfahrung weiß ich, dass das nur schiefgehen kann. Plötzlich packt mich eine weitere Angst: Kann ein Mensch, der jünger ist als ich, in diesem Ausschuss sitzen? Dafür muss es doch irgendeine Regelung geben? Irgendein Paragraf muss doch existieren, der dafür sorgt, dass sich keine Millennials einmischen, die gerade erst gelernt haben, Kaffee zu mögen und bei Happn auf Partnersuche gehen. Nicht, dass der Gedanke an alte Säcke im Komitee mich weniger anwidert. Eine Gruppe geriatrischer Fälle, die mit pfeifenden Hörgeräten überlegen und abwägen, und ich habe kein Interesse daran, mich Gleichaltrigen erklären zu müssen, diese unnütze Generation, ich *kenne* die, ich bin mit denen in eine Klasse gegangen, wir haben zusammen Süßigkeiten in der Klassenleiterstunde gegessen, in der Achten Gapahuks gebaut, die Etiketten von unserem Lightbier abgepult und so getan, als wären wir betrunken, und standen in unseren Buffalo-Schuhen und Schlaghosen vor der bedeutungsschwangeren Wahl zwischen Fugees, Spice Girls und Alanis Morissette. Und außerdem: Kann mein Antrag abgelehnt werden? Es kann unmöglich möglich sein, meinen Antrag abzulehnen. Das sind sicher nur Formalitäten. Was sollen die schon sagen? Sie sind leider für das nächste halbe Jahr gezwungen, die Funktion eines Brutkastens einzunehmen? Sie sind leider gezwungen, mit Rissen im Unterleib und Dehnungsstreifen am Bauch und über mehrere Jahre mit schlaflosen Nächten zu leben; wir haben uns die Ultraschallbilder mal genauer angesehen, und es ist gut möglich, dass dort der nächste UN-Generalsekretär heranwächst, oder ein Skifahrer, ein Sportstar; *tu es für Norwegen!*, tu es für dein eigenes Wohl; du bist nicht *so* pleite, nicht *so* mental unzurechnungsfähig, nicht *so* unfähig: Was wissen *die* denn schon, *verdammte Scheiße*! Ich ziehe die Ikea-Box unterm Bett hervor und werde wütend. Jetzt muss ich alles wieder an seinen rechtmäßigen Platz stellen. Der Krimskrams muss zurück zum Waschbecken in der Küche, die Socken in den Schmutzwäschekorb, ich kippe die Olivenölreste in den Abfluss, spüle die Flasche aus und schmeiße sie in den Plastikmüll, den der Ire mit allem Möglichen gefüllt hat. Ich entdecke meine Gläser dort, wo eigentlich die Teller hingehören, dass mein Pfannenwender im Besteckfach liegt und nicht bei den Kellen und das Salatbesteck in dem Krug auf der Arbeitsplatte steckt. Dass die ganze Wohnung akut nach Aufräumen schreit. Ich hole ein paar schwarze Müllsäcke, studiere die Haltbarkeitsdaten auf den Currygläsern und Mangochutneys, sortiere die Münzen, die in der Tupperware klimpern, Bosnische Mark, trenne Pfund von Euro, Schwedische von Dänischen Kronen, und ich räume Mehltüten, Haferflocken und eine Nagelfeile aus dem einen Küchenschrank, und Mixer und Steuererklärungen und Tampons aus dem anderen, und im dritten finde ich, als ich mit dem Staubtuch durch die Fächer wische, alte Rechnungen, die ich vergessen hab, meiner Steuererklärung beizufügen. Ich entdecke abgelaufene Paracetamol-Packungen, Brausetabletten gegen nervöse Magen. Eine halbe Truxal. Baldrian und Zopiklon. Und ganz hinten im Schrank: eine Packung Antibabypillen.

EINE GANZE PACKUNG. Einundzwanzig Tabletten. Jetzt liegen sie in meiner Hand, anstatt einen Eisprung zu verhindern. Anstatt dafür zu sorgen, dass das befruchtete Ei sich nicht in der Gebärmutter einnistet und die Vagina so schleimig macht, dass man da unmöglich durchgeschwommen kommt. Ich hab die Packung seit Monaten nicht angefasst. Ich hab irgendwann aufgehört, mich mit Hormonen vollzustopfen – ich weiß nicht mehr, wann genau.

Vielleicht nachdem ich zwei Wochen nichts von Lukas gehört hatte?

Nachdem er mir einen Vortrag über sein Bedürfnis gehalten hat, alle Apps abzuschalten, auf eine einsame Insel zu fahren und sich zurückzuziehen?

Als er nicht auf das Kanye-West-GIF reagierte, das ich ihm geschickt hatte?

Nachdem er mir im letzten Moment absagte und ich *Triumph des Willens* alleine in der Cinemathek sehen musste?

(Wir waren fünf dusselige Leute im Kinosaal, die mit beklommenen Blicken »filmbegeistert, aber kein Nazi« kommunizierten.)

Ich weiß nicht mehr, wann genau.

Stunden werden zu Tagen, die sich unbemerkt in helle Nächte verwandeln, die den natürlichen Tagesrhythmus aufbrechen. Krass, wie relativ Zeit ist: Im Winter hatte ich jede Sekunde im Griff, ich zählte die Stunden, in denen ich keinen Kontakt mit ihm hatte; ich erniedrigte mich, verfolgte ihn im Netz, schrumpelte zusammen, wurde nach allen objektiven Kriterien zu einer Langweilerin, und ich spekulierte und komplottierte und heckte dreckige Pläne aus, mit der mächtigsten Waffe der Urfrau: Dem Willen, Leben zu erschaffen. Ich habe fremde Hüften an meine gedrückt, nun muss ich den bitteren Preis bezahlen, er wächst wie zur Strafe in meinem Bauch heran: Du sollst aufquellen. Du sollst es mit dir herumtragen als Zeugnis deiner Lüge. Du musst dafür bezahlen, du wirst keine Schmerzmittel bekommen, keine Benzos, keine Beruhigungsmittel, kein kurzer Prozess, keine soziale Sicherheit, das Ende einer Ära. Blute es auf deiner illegalen Toilette aus. Ruf Hilfe, und wir legen dir Handschellen an. Ich starre die silberne Verpackung an. Die winzigen blauen, bedeutungsschwangeren Pillen. Ich drücke eine heraus, schlucke sie ohne Wasser, weiß, dass sie keinen Effekt hat, und denke: Und wenn ich sie alle nehme, alle auf einmal? Das muss doch dasselbe Prinzip sein? Hab ich das nicht irgendwo gelesen, dass die Pille danach eine Atombombe von Antibabypillenkonzentrat ist? Und auch wenn sie gleich am nächsten Tag genommen werden muss, nicht später, wird's doch wohl nicht schaden, es zu versuchen? *When in trouble, double*? Ich wäge ab. Warte. Ich denke, was solls. Ich hole ein Handtuch, breite es über der abgezogenen Matratze aus, drehe den Wasserhahn auf, fülle eine Kanne mit Wasser, setze mich auf die Bettkante und drücke die anderen zwanzig Pillen aus der Packung. Ein paar Sekunden vergehen, bevor ich sie schlucke, eine nach der anderen. Mit Wasser nachspüle. Mich aufs Handtuch lege. Die Füße auf der Matratze, die Knie angezogen, fokussiere ich auf einen Riss an der Decke, und ich warte, eine halbe Stunde, eine Stunde, zwei Stunden.

UND NICHTS PASSIERT.

Ich habe mich keinen Zentimeter bewegt und spüre überhaupt gar nichts.

Drei Stunden vergehen, und ich spüre immer noch nichts.

Auch nicht nach vier Stunden: keine Übelkeit, keine Schmerzen, keine Krämpfe, nur nasse Flecken an meinen Schläfen.

Der Fernseher ist immer noch an. Die Nachrichten. Eine Frau, die aussieht, als hätte sie vergessen, sich zu kämmen. Sie besteht darauf, dass wir alle einmal im Jahr Nacktschnecken sammeln sollten. Ich schalte aus und hole mein Handy aus der Tasche (Kika: »Wo verdammt noch mal steckst du?!«). Ich schalte 4G an (ein Snap von Milo vom Kaninchen unterm Auto: »FIDEL KOMMT VORBEI! KOMMST DU NACH HAUSE?«) Und streame Serien, bis ich einschlafe, der Akku leer ist und das Display schwarz wird.

ICH WACHE VON besoffenen Leuten vor meinem Fenster und einem heftigen Pochen im Kopf auf. Setze mich auf, studiere das Handtuch, sehe keine Flecken.

Ich gehe die paar Schritte zum Küchenschrank und finde ein Gleitmittel – eine Flasche *Women's Delight* – und einen Tischspiegel. Ich stecke mir zwei Finger unten rein, schiebe sie so weit wie möglich rein, als wüsste ich, wonach ich suche. Wie soll sich das anfühlen? Da bewegt sich nichts, keine Klümpchen, keine undefinierbare Masse, nichts, und der Tischspiegel macht mich auch nicht klüger: Alles sieht genauso aus wie bei meinem letzten Check (irgendwann Anfang zwanzig). Als ich den Spiegel nach oben justiere, werde ich hingegen mit schlaffer und verbrauchter Haut in der vergrößerten Ausgabe meines Gesichts konfrontiert. Ich bin ein scheiß Picasso-Gemälde, fratzenhaft und verzerrt. Spüre die Kopfschmerzen und schlaffen Muskeln und Selbsthass, weil ich mein Ladegerät nicht mitgenommen habe, als ich heute morgen vom See aufgebrochen bin, weil ich die Flugbegleiterin mein Gepäck als Geisel hab halten lassen, weil ich an der humanistisch-philosophischen Fakultät studiert habe, weil ich nicht mit Go-Feminin Rücksprache gehalten habe, bevor ich alle diese Hormone in mich reingestopft habe. Was wird jetzt mit mir passieren? Werde ich mein Gedächtnis verlieren? Einen Bart bekommen? Hitzewallungen? Ich hätte Naturwissenschaften in der Schule nicht abwählen dürfen. Und jetzt sollte ich wohl besser den Giftnotruf anrufen, ich sollte mein Ladegerät holen, das Internet konsultieren, nach Trosterud fahren und mich selbst mit den ehrlichen, hart arbeitenden Menschen in der Bahn konfrontieren – was natürlich das Letzte ist, was ich will. Ich bin nur eine Viertelstunde von der Notfallstation entfernt. Ich sollte wohl besser zu Hause bleiben, falls was passiert. Vielleicht sofort dahin gehen. Vielleicht stolpere ich über einen freundlich eingestellten Arzt ohne Vornamen, der mir keine Broschüren aufschwatzt oder mich mit mitleidigem Blick ansieht, einer der nicht gleich aus seinem Abiballanzug in den Arztkittel gehüpft ist und dessen bisherige Höhepunkte im Leben die Partys am Tryvann sind, sondern mir *gibt, was ich brauche.*

Tock, tock, das Zimmer, verschwommen.

Vage, fern, schwere Augenlider.

Kopf lässt mich im Stich, und Körper übernimmt, lässt jeden Gedanken von sich abprallen und zieht mich zu der nackten Bettdecke, und ich erlösche, genauso wie das Display meines Telefons.

LAUTES ARABISCH DRAUSSEN auf der Straße. Eine Flut von Gefühlen. Ich schließe das Fenster. Ich bin noch nicht tot. Wie lange bin ich jetzt schon in der Wohnung?

Vierundzwanzig Stunden? Zwei Tage? Vier Tage?

Ich kann mein Telefon nicht anschalten, Scheißakku. Wie spät ist es, verdammte Scheiße? Wie lange hab ich hier im Halbschlaf rumgelegen, mit unkontrollierten Gedanken im Kopf, die zu Träumen von Einsteins Gehirn auf Irrwegen werden? Das Licht, das von draußen hereindringt, verrät mir nichts. Ich schalte den Fernseher wieder ein und werde auch nicht schlauer, aber angefixt: Die Kardashians streiten sich über ein Paar Schuhe. Und es pocht immer noch, aber die Kopfschmerzen haben etwas nachgelassen, ich trinke ein Glas Wasser, es lindert den Schmerz, nehme drei Ibuprofen, stopfe mich mit Proteinen voll, mit dem bisschen, das ich im Schrank finde: eine Tüte getrocknete Aprikosen, seit letztem Jahr abgelaufen, und Nüsse. Ich schütte sie mir in den Mund und merke, dass mein Kiefer steif ist. Dass er bei jeder Kaubewegung kracht, und mir fallen russische Piloten ein, Sarajevo und all die idiotischen Entscheidungen, die ich treffe. Ich brauche einen Internetbrowser. Ich brauche mein Ladegerät, brauche frische Luft, muss die Bettwäsche aufhängen, die in der

Waschmaschine liegt, muss sie noch mal anmachen, weil es in ihr nach totem Hund riecht. Überlege, ob ich während des Waschgangs hierbleiben sollte, starre das Laken an, das dort herumgeschleudert wird, entschließe mich aber, nach draußen zu gehen. Ich nehme den Müll mit und schließe ab. Bei Sonjas Obst- und Tabakwaren kaufe ich ein Red Bull, stürze es hinunter und kaufe noch eins am Kiosk an der Haltestelle Grønland, bevor ich wieder in die Zwei Richtung Osten steige.

Vielleicht ist die Koffeinbombe schuld, dass mein Herz ein paar Takte aussetzt und das Rauschen der Zweige am Waldweg in meinen Ohren immer lauter wird.

Dass ich aus dem Rhythmus gekommen bin. Dass alles nebelig und vage ist, wie Kopien von Kopien, und keuchend lehne ich mich mit der Schulter an die Wohnwagenkarosserie, als ich endlich da bin.

Ich merke, wie unendlich wütend ich bin. Unheilbar gereizt. Weil Milo in seinem schrottigen Radiowecker den Sender P4 eingestellt hat. Weil die Sugababes *Push the Button* durch das Dachfenster jaulen. Weil Milo in seiner Boxershorts im Klappstuhl sitzt, weil er immer noch den Piketty im Schoß liegen hat, weil seine Brille mich an meine erinnert, oder weil er sagt, dass Fidel gerade da war – »schade, dass ihr euch immer verpasst!« – und Rote Bete vom Schwarzmarkt mitgebracht hat. Weil er existiert. Die Quelle meines Elends. Ich atme schwer. Ich sehe ihm an, dass er dagegen ankämpft, mich zu fragen, wo ich war. Er sagt »setz dich«, reißt etwas Gras aus dem Boden, »ich mach uns Borschtsch«, und kämpft um die Aufmerksamkeit des Tieres, das ihn nicht beachtet. Ich antworte nicht, auf die Gefahr hin, etwas Fieses zu sagen. Er schaut mich an, ich schaue zurück, wir sagen nichts, dann klappt er *Das Kapital im 21. Jahrhundert* zu, geht rein, und sein Rumgeschepper mit den Töpfen übertönt meine Gedanken.

GOFEMININ

HISTORIKER_72:
Nach dem Ebers-Papyrus (von ca. 1500 v. Chr.) praktizierten die Ägypter Abtreibungen mit Honig und zerdrückten Datteln. Sie benutzten auch Silphium. Aber das ist sehr gefährlich. Viel Glück!

<3TENSIN_96:
Kindsmörderin!!!!

ANONYM_2

An alle Christenmoralisten da draußen, die mit der Heiligkeit des Fötus nerven: Habt ihr die Bibel überhaupt gelesen?! Was sagt ihr zum bitteren, fluchbringenden Wasser im Gebot über Ehebruch – ist das nicht eine Abtreibungsmethode, die GOTT SELBST entwickelt hat? Was meinte Er wohl sonst mit »so gehe nun das fluchbringende Wasser in deinen Leib, dass dein Bauch schwelle und deine Hüfte schwinde!«?!!! Steht im Vierten Mosebuch 5:11–31. Just sayin' ...

PINKY_80:
Die Bibel ist mir egal, aber ich möchte an die Menschenrechtserklärung der UN erinnern, die in Artikel drei das Recht auf Leben postuliert, was für »alle Mitglieder der Gemeinschaft der Menschen« gilt, und wenn ein Fötus kein Mitglied dieser Gemeinschaft ist, dann weiß ich auch nicht.

ANONYM_3
Meinst du allen Ernstes, dass etwas, was in mir wächst, ein eigenständiges Rechtssubjekt ist? Was kommt als Nächstes? Sollten sich Tierschützer jetzt auch für die Rechte des Bandwurms einsetzen?

ANONYM_4
Meine Oma aus Deutschland hat neulich von einem Senfbad erzählt ... keine Ahnung, was das sein soll ... Du Arme!!! Bin so froh, dass es mir nicht so geht ... <3 <3 <3

KEINE ANTWORT VON Lukas. Über dreihundert Nachrichten bei GoFeminin.

Ob ich versucht hätte, meine Druckpunkte an den Knöcheln, am Schienbein und den fleischigen Teil zwischen Daumen und Zeigefinger zu massieren?

Ob ich mir frische Petersilie in die Vagina eingeführt hätte?

Ob ich schon bei kräuterabtreibung.org nachgesehen habe?

Tipps und Gebete und Angst und Abscheu in streitsüchtigen Ausmaßen. Von theologischen Diskussionen über Tränen zu Bloßstellungen und entrüsteten Verteidigungen aller Mitglieder des Menschengeschlechts – woraufhin ein paar Eugeniker konterten, dass Trump-Anhänger niemals hätten geboren werden dürfen – ist alles dabei: ein brutaler Informationsaustausch. Eine, die auf die Richtlinien des Gesundheitsamtes verweist und Links zu öffentlichen Instanzen und Onlineärzten runterleiert. Eine, die mich bittet, mir das alles genau zu überlegen. (Ich hasse sie.) Eine, die alles auflistet, was sie nicht empfehlen kann: häusliche Gewalt, Schläge in den Bauch oder Einnahme von trockenem Hennapulver. »Auch wenn der gewünschte Effekt dokumentiert ist.« (Ich lese mir ihren Eintrag dreimal durch, ohne deuten zu können, ob sie sarkastisch oder einfach nur eine Amöbe ist.) Eine, die erzählt, dass sie Petersilienöl getrunken hat, um die Geburt auszulösen, als sie schon zwei Wochen zu spät dran war, und dass das ganz gut funktioniert hat, besonders in der Kombination, alle Stufen im Rathausturm hinaufzugehen. Irgendwann checke ich kräuterabtreibung.org. Dort wird mir das flüssige Präparat Blue Cohosh empfohlen (stimuliert die Gebärmutter, löst Menstruation aus, behandelt Koliken, Halsschmerzen, Krämpfe, Schluckauf und Hysterie), und ich bestelle es sofort auf Amazon. Schicke den Kräuterleuten eine Mail und erhalte eine automatische Antwort, dass es ihnen leider nicht erlaubt sei, Frauen direkt zu beraten, da sie sich sonst strafbar machten. Sie berufen sich auf die Meinungsfreiheit. Ich navigiere mich zurück zu den dreihundert Nachrichten, die immer mehr werden. Man soll Tee mit Don Quai (?) trinken. Probier mal Energy-Healing (sag deinem Körper: *lass los, lass los, lass los*). Weizengras-Shot (»verkaufen sie bei der Bäckerei Hansen!«). Iss viel Vitamin C (»funktioniert in den ersten Wochen, kein Scheiß: alle zwei Stunden 2000 Milligramm, auch über Nacht«). Press deinen Bauch gegen eine harte Oberfläche, mach Yoga, heb Gewichte. Ich spüre einen ziehenden Krampf vor Erschöpfung. Mein Mund fühlt sich an wie ein Sandstrand. Ich krieg es kaum hin, zwischen gut gemeintem Rat und reiner Verarsche zu unterscheiden. So wie bei diesem: Mach einen Kopfstand. Oder diesem: Nimm Blutegel. Oder: Tu so, als seist du gestört, und ich schäme mich, als ich den Eintrag eines anonymen Users lese, in dem steht, dass es nichts bringt, Antibabypillen in sich reinzustopfen, wenn das Ei schon befruchtet ist. Ich scrolle mich durch Geschichten über Großmütter und Mütter und Tanten und unmögliche Partner und Beschwerden im Beckenbereich und Angst und Bluttransfusionen und eine, die schreibt: »Das sollte ich vielleicht nicht sagen, aber ...«

Und endlich kommt ein Rat, den ich hier und jetzt ausprobieren kann.

»... aber als ich in der 14. Woche schwanger war, hat es geholfen, reinen Aloe-Vera-Saft in rauen Mengen zu trinken ...

Gibt's im Reformladen. Teuer, aber das ist es wert. War wie eine Minigeburt. Hoffe, das erledigt sich!«

DIE UNIVERSALQUELLE FÜR die weibliche Schönheit. Wie viel muss ich davon trinken? Im Kühlschrank stehen noch knapp vier Liter. Ich geh rein, Milo geht raus, schlurfend in seinen Freud-Pantoffeln. Ich muss mich beherrschen, ihn nicht zu beißen, als wir uns in der Tür beinahe anrempeln, und er grunzt leise und schaut demonstrativ an mir vorbei, und ich wüsste nicht, was er mir vorzuwerfen hätte. Meint er allen Ernstes, dass ich mich für jeden Schritt vor ihm rechtfertigen muss? Dass ich die Pflicht habe, bei ihm anzumelden, wenn ich ein paar Tage woanders übernachte? Als wären wir ein Paar? Ich stecke mein Handy ans Ladegerät. Der Borschtsch blubbert in seinem Topf. Sieht aus, als wären das Blutflecken auf der Kochplatte. Kleine rote Flecken an dem winzigen Küchenfenster, und diese zwanzig Quadratmeter ziehen sich immer enger zusammen, wir werden richtig in den Abfluss gesogen, ich werde gewürgt, weder die sperrangelweite Tür noch das Dachfenster helfen gegen das Gefühl, dass mir die Kehle abgeschnürt wird. Es ist genauso stark wie der Gestank vom verqualmten Sofastoff, so stramm wie die Haut um meine Brustwarzen. Genauso erdrückend wie der 90er-Jahre-Mix, der aus der kleinen schwarzen Box am Bett dröhnt. Ich hole die beiden Zweiliterflaschen aus der Kühlschranktür, stelle sie auf die Arbeitsplatte und starre auf die grünlich-freshen Etiketten, die darüber informieren, dass als Kompensation dafür, dass dieser Exorzistensaft über die Weltmeere geschifft wurde, in Brasilien Bäume gepflanzt wurden. Ich gehöre wohl zu einer uralten Tradition. Die verspielte Schnörkelschrift, die mir erzählt, Alexander der Große habe Sokotra erobert um seinen verwundeten Soldaten, einem Rat von Sokrates folgend, den Zugang zu Aloe Vera zu ermöglichen, überzeugt mich beinahe. Oder dass die Ägypter sie als unsterbliche Pflanze betitelten, dass gute Frauen auf der ganzen Welt sie als einen Segen, einen Himmelsstab, eine Rettung bezeichneten, mit ihrem Vitamin A und Vitamin E und Vitamin C und Vitamin B12, mit denen die Vegetarier einen immer nerven. Schmiert es euch in die Haare, tunkt sie in den Saft, zieht euch 'ne Duschhaube über und lasst es über Nacht einziehen – das Zeug ist zu gut, um wahr zu sein. Ich schüttle die Flasche, wie es auf der Anweisung steht, und die kokosartigen Brocken wirbeln in der blaugrauen Flüssigkeit umher, bevor ich mit all meiner Kraft den Deckel abdrehe.

Ich denke, das kann ich exen.

Exe es.

ICH SPÜRE, wie etwas von dieser Süße wieder hochkommen will, aber vergiss es, das lass ich nicht zu. Ich presse die Flüssigkeit runter, kneife die Lippen zusammen und bereite mich auf die nächste Flasche vor. Im Kochtopf blubbert's: Ein Rote-Bete-Tropfen spritzt an meinen Arm, es brennt, da kommt noch ein Spritzer, diesmal auf meine Bluse, und noch einer und noch einer, aber das geht mich nichts an, ich muss mir die anderen zwei Liter auch noch reinwürgen. Ich habe das dringende Bedürfnis zu pinkeln. Ich nehme die Flasche mit auf das scheiß Kompostklo, Klodeckel auf, und ich exe die zweite Flasche, pisse gleichzeitig in den Tank, ein verfärbter gelbbrauner Strahl – ist das normal? Ist der Teufelssaft so schnell durchgelaufen? Oder kommt das vom Red Bull? Von der Überdosis Hormone? Ich denke: Immerhin passiert was. Aber noch nicht genug. Müsste ich nicht Krämpfe haben? Ich vermisse Krämpfe. Miniwehen. Irgendwas zwischen Geburt und Regelschmerzen, so was stell ich mir vor, aber alles, was ich in mir spüre, ist Flüssigkeit, es schwappt in mir drin, als würde ich gleich überlaufen, und meine Toleranzgrenze ist erreicht, als Milo den Schrotthaufen betritt und den Radiowecker, aus dem ein paar Jungenstimmchen im Falsett singen, noch lauter dreht. Er geht wieder raus, bleibt draußen direkt neben dem Klotank stehen und summt *that's nobody's business but the Turks'* frei improvisierend mit, und ich habe Lust zu schreien: Kannst du verdammt noch mal die Scheißmusik abdrehen?! Kannst du mich verdammt noch mal in Ruhe lassen? Verpiss dich aus meinem Leben! –, und ein trauriges Bild materialisiert sich auf meiner Netzhaut: Mit einem Haarnetz um die Papilloten und einem Spliff im Mundwinkel komme ich aus einem bruchfälligen Gapahuk, umringt von 1,9 Milliarden Kaninchen. Wir sind die Familie Brille. Riesige Augen, die aus dicken Vierecken hervorpoppen. Und ich, die längst aufgegeben hat. P4 läuft immer noch im Hintergrund, und Milo spekuliert immer noch darauf, mit seiner verkorksten Kindheit Profit zu machen, und redet unaufhörlich von Putschen und den Frisuren von Politikern und von Jagdfalkeneiern, für die deutsche Barone auf dem Schwarzmarkt gutes Geld ausgeben, während er die Restaurants der Stadt in einer Karte einzeichnet, denen er das mürbe und zarte und regional-saisonale Kaninchenfleisch auf dem Schwarzmarkt verkaufen will. Ein Beitrag zum zähen Menü vom Helga Helgesens Platz, dessen Inhaber was von schlechten Straßen und Fußball und Ringeltauben faselt. Geliefert an alle Hintereingänge, an denen er stand und um einen Job als Tellerwäscher gebeten hatte. Ich sehe ihn vor mir, wie er Kaninchenköpfe nach hinten drückt, ich höre, wie er ihre Nacken bricht. Ich höre es 1,9 Milliarden Mal: kräftige Hinterbeine, die lang gezogen werden, und ein jaulender Chor des Schmerzes, und er drückt unterm Magen fest zu, um die Blase zu entleeren, dann legt er sie auf einen Felsen unten am Ufer, um sie dort auszunehmen, er reißt das Fell ab und schneidet in die

Haut und zieht sie auseinander, schneidet die Beine mit einer Gartenschere ab, hackt den Kopf ab, schneidet die Öffnung des Enddarms auf, nimmt die Eingeweide raus, das Herz, die Lunge, und er knickt die Pfoten ab, kurz über den Knöcheln, bevor er das Tier zerlegt und verpackt und falsche Etiketten draufklebt, und das Gras rauscht im Winde, und das Grashüpferzirpen vermischt sich mit dem Vogelgezwitscher und dem Brummen der Hummeln und dem vibrierenden Flügelschlagen, und das Eichhörnchen kratzt sich am Bauch, und der Fisch guckt aus dem Wasser, und alle Tiere versammeln sich um mich, als ich aus dem Klo torkle, auf Milo zu, der im Klappstuhl sitzt.

Ich stütze mich am Türrahmen ab und sage schleppend, wahrscheinlich dem Tode nah:

»Es geht verdammt noch mal nicht nur die Türken was an, was die so treiben!«

Er sieht mich mit leerem Blick an und sagt: »Ich glaub, dir geht's nicht so gut.«

»*Mir* soll's nicht gut gehen?«, krieg ich irgendwie gerade noch so hervorgelallt, »*ich* hab ganz offensichtlich keine Vorstellung, wie ich den Winter im Wald überleben soll und ein Haus aus Zweigen baue und Schmerzmittel aus Borke gewinne.«

»Hm?«

»Du bist krank!«

»Du siehst blass aus. Alles okay?«

»Ob alles okay ist?«

»Ich seh grad ein Video zu Silvio Berlusconis Wahlkampfsong von 2008 – *Meno male che Silvio c'é*. Du musst das, was ich auf YouTube angucke, nicht so ernst nehmen.«

»Glaubst du wirklich, dass ich irgendwas von deinem Scheiß ernst nehme?«

Mein Telefon vibriert auf dem kleinen Sofatisch.

Es rutscht nach vorn, und ich sehe Radovans Namen auf dem Display. Ich lass es klingeln und denke gerade noch: All diese Männer in meinem Leben.

DENN IM NÄCHSTEN Augenblick beginnt der Wald vor meinen Augen zu schwanken. Er wiegt, er tanzt, und ich höre alle möglichen Geräusche: Rauschen, Donnern, Pfeifen, Brummen und Whitney Houston, die im Hintergrund *If I wake up in World War III* singt. Ich kann sie nicht auseinanderhalten. Meine Zunge ist angeschwollen, mein Gaumen klebrig, und mein Herz meldet sich mit einem Klopfen bis in die Fingerspitzen. Mein Hirn schafft es nicht, sich an einer einzelnen der vorbeiflimmernden Wahrnehmungen festzuklammern, schafft es nicht, auf die filzigen Gesichter Sigmund Freuds zu fokussieren, die auf mich zukommen, oder dass der See, der Pfad, der gefällte Baum von mir weggleiten, dass Milos Stimme sich entfernt, und ich schrumpfe und versage und werde eingeklemmt, ich zittere, ich rinne, ich bebe, und der Schmerz kommt wie ein eiskalter metallischer Gegenstand, der meine Organe verdreht, er drängt sich durch Gewebe und Adern, keine Ahnung, wo der herkommt. Ich spüre ihn in den Kniekehlen. Ich spüre ihn in den Ohren, hinter den Augen, in der Schulter, und mir geht ein kräftiges Ziehen und ein Heulen durchs Rückenmark, die Wirbel hinauf, bis an den Schädel, und ich werde so schlaff wie die dunkelgrünen Blätter auf dem See. Ich beuge mich vor, als die Kotze sich wie ein brauner Teich über dem Moos ausbreitet.

**ICH UNTERSCHÄTZE
MEINE EIGENE STÄRKE**

ICH GLAUBE, ich träume: Milos Antrag an den Europäischen Gerichtshof für Menschenrechte wird stattgegeben und er fährt in die falsche Stadt.

(**LUKAS:** *Wie ein Symbol für unsere Zeit. Das Alte ist dem Tode geweiht. Das Neue kann noch nicht geboren werden.*)

Ich denke: Das hier ist keine moralphilosophische Übung. Ich bin alleine.

UND ALS ICH aufwache, spüre ich kein *Awumbuk*.
   Keine Trauer.
   Keine Schuld.
   Keinen Schmerz, keinen Phantomschmerz.
   Nur Erleichterung.

ICH TRAGE EINES seiner ausgewaschenen T-Shirts.

Sonst ist alles weiß. Eine Apparatur piept, eine Schlange in meinem Arm: Der Oberarzt sagt, meine Nieren hätten gerade so die Überdosis Aloe Vera überlebt.

Die Reste des Fötus sind ausgeschabt worden. Sie wissen nicht, was ihn abgetötet hat.

Sie sagen, so was passiert. Das kann an einem untauglichen Gebärmutterhals liegen. Das kann an allem Möglichen liegen, man kann nichts ausschließen, sie sagen, Stress. Und: »Wir haben acht Jahre Ausbildung, nur um jeden Tag zu lernen, wie wenig wir wissen« und zu meiner Aloe-Vera-Theorie: »Na ja.« (Ein Krankenpfleger kommt später zu mir und sagt, es war *garantiert* der Aloe-Vera-Saft, der ihm den Garaus gemacht hat.) Und die Hormonüberdosis? Nach einem Vortrag darüber, wie viele Monate es dauern könnte, bis meine Tage wieder normal verlaufen und dass ich mit Hormonschwankungen rechnen muss, fragen sie: »Was haben Sie sich denn dabei gedacht?«

Ich murmele »abgelaufene Frist«, aber sie hören mich nicht. Und Kika nimmt meine Hand.

Hatte schon vergessen, dass ich sie als nächste Angehörige angegeben hatte. Sie sagt, dass da ein »komischer Typ mit Brille im Korridor steht und nach dir fragt«. Sie lässt ihn für mich rein und geht ein Ladegerät suchen.

Milo, der auf das T-Shirt zeigt und sagt: »Du hattest so viele Rote-Bete-Flecken auf deiner Bluse! So konnten wir doch nicht zur Notaufnahme fahren!«

Er hat Blumen dabei, im Geschenkeladen am Eingang gekauft, und er fragt sich, ob er es war, der mich so fertiggemacht hat.

»Ich unterschätze meine eigene Stärke«, sagt er. Ich spüre eine Träne über meine Wange kullern, und ich sage es einfach: »Milo, ich bin nicht über meinen Ex hinweg.«

Fünf Minuten lang starrt er auf eine Ecke der Bettwäsche.

Dann geht er, Kika kommt wieder rein und steckt den Stecker in die Dose.

ZWEI NACHRICHTEN KOMMEN reingetickert.

Lukas: (Mein Herz macht einen Sprung, aber ich warte noch, bevor ich sie öffne.)

Radovan: »Hedda, wir sind aufgeflogen. Kannst du mich anrufen?«

Wir?

Ich dachte, *ich* werde vor *ihm* auffliegen. Die Schweizer und Barbara und »cute!« und der südkoreanische Ingenieur. Alle, die in zwielichtiger Untermiete bei mir gecampt haben.

Ich rufe an.

»WIR?«, FRAGE ICH aufrichtig verwundert und erfahre, dass streng genommen er derjenige sei, der aufgeflogen ist.

Er kann keinen Satz formulieren, ohne ihn mit meinem Vornamen zu beenden. Wie mein Fahrlehrer damals. Radovan spricht umständlich, mit einer leichten Andeutung von einem Akzent, und seine Stimme, milder als erwartet, ist tief wie der Bass in Clubs, sodass sie fast verschwindet. Ganz nebenbei bekomme ich mit, dass es kaum noch möglich ist, tiefer zu sinken, als ich es schon bin. Er sagt: »Du kannst mich gern als Referenz angeben, Hedda.« Und: »Tut mir wirklich leid, Hedda. Das lief wirklich gut mit dir, Hedda. Drei gute Jahre, Hedda. Drei gute Jahre.« Er sagt: »Du musst im Laufe der Woche draußen sein, Hedda.«

Die Scheißstadtverwaltung war da, als Ronan zu Besuch war. Mit Aktenkoffern, Bürokratieformularen und Vorschriften und Feuchtigkeitsmessern und Messbändern, nicht weniger als das, womit sie ermittelten, dass das Fenster nicht groß genug sei, um daraus zu fliehen, und es würde dem Anspruch an Tageslicht und Ausblick nicht gerecht werden, und es war nicht mal in der Nähe der 10% der Bodenfläche und genau drei Zentimeter zu hoch überm Fußboden – ganz zu schweigen von dieser zwielichtigen Dusche: War das jetzt eine Nasszelle, ein Schlafzimmer, die Küche oder ... »schwer zu sagen«, hatten sie sich notiert (den Untersuchungsbericht bekomme ich später per Mail zugeschickt), neben der Notiz, dass die 2014 angeordnete Radonmessung nicht stattgefunden habe. Dass es für die Wohnung untendrunter keinen Brandschutz gibt. Und es mache gar keinen Sinn – hier wurden sie ziemlich säuerlich – überhaupt erst auf die Deckenhöhe zu sprechen zu kommen, die 2,1 Meter betrug, und nicht, wie vorgeschrieben, 2,2 Meter. Außerdem erübrige es sich, darauf hinzuweisen, dass es an freiem Fußboden vor der Toilette mangele (anscheinend ist ein sogenannter Sinuskreis mit einem Durchmesser von anderthalb Metern erforderlich), und außerdem habe diese Toilette ursprünglich zur Wohnung darunter gehört (worüber eine Familie aus der Provinz einen ständigen ermüdenden Erbstreit hatte) – und nicht zu diesem ausgebauten Dachboden, den Radovan selbst zusammengezimmert hatte, ohne es mit dem Bauamt abzusprechen.

Diese Mietwohnung war so illegal, wie eine Mietwohnung nur sein konnte.

Verstoß gegen das Wohnungseigentumsgesetz von 1997.

Verstoß gegen die Nasszellenordnung.

Verstoß gegen das Gesetz zum universellen Umbau.

Verstoß gegen das Mietgesetz, und so weiter und so weiter.

Radovan entschuldigt sich noch mal. Sagt, dass das nie wieder vorkommen wird, als würde mir das helfen. Die einzig gute Nachricht ist, dass er mir meine Kaution und die Miete für Juli zurücküberweist, was mich am Ende dieses Telefongesprächs um 30 000 Kronen reicher macht. Obdachlos, aber reich. Und während Radovan sich wortreich erklärt und entschuldigt, mimt Kika mir ein *was ist los?* zu, und ich ein *kann ich bei dir auf'm Sofa pennen* zurück. Dann leg ich auf. Ich werde noch an diesem Nachmittag entlassen. In Kikas Wohnung in Bjølsen.

MILO HILFT MIR beim Auszug. Der ganze Kram wieder in die Ikea-Box. Dann höre ich ein paar Wochen nichts von ihm, aber Facebook verrät mir, dass er jetzt täglich im Churros-Wagen arbeitet. Jede Nacht postet er eine Statusmeldung in Caps Lock, die ein Bild von einem besoffenen Norweger kommentiert. Ich bleibe bei Kika, ohne irgendeine Initiative zu ergreifen, ohne den geringsten Plan, was jetzt aus mir werden soll – das Spektakulärste, was passiert, ist eine Mail vom Zollamt, dass ein Paket mit dem Inhalt Blue Cohosh aufgehalten wurde wegen des Verdachts unerlaubter Substanzen, und dass Fidel mich auf Social Media addet. Er postet Bilder aus Santiago. Abgesehen davon liege ich mit einer Decke auf dem Sofa, sehe der Kardashian-Familie bei ihrem Alltag zu und gucke eine Teenagerserie auf NRK, die mir direkt ans Zwerchfell geht. Bis Milo wieder von sich hören lässt.

ER SCHREIBT: »WILLST DU VERREISEN?«
Ich schreibe: *Nein.*
Er: »KOMM SCHON.«

Dann ruft er an und redet über irgendein Regelwerk, und ich denke an all die Vorschriften, die in meinem Leben eine Rolle spielen, und wie es nun weitergeht. Er will mir das Wohnmobil für eine, wie er es nennt, Quarantänezeit leihen. Er besteht darauf. Es muss aus dem Land geschafft werden. Und jetzt habe er das Angebot bekommen, Fidels Schichten zu schmeißen, während der in Santiago Urlaub macht, außerdem kann er saubillig in einer HipHopper-WG in Brynseng zur Zwischenmiete wohnen, auch wenn's da voll laut ist. Nicht wie auf den Felsen an dem kristallblauen See. Die Vorschrift lautet: Das Wohnmobil darf nicht länger als drei Monate im Land sein. Es ist nicht erlaubt, in einer ausländischen Behausung in Norwegen zu wohnen. Jedenfalls noch nicht – das alles hat etwas mit dem neuen »internationalen Trend des Nationalismus« zu tun, wie Milo es nennt, bevor er irgendwas davon faselt, dass ich wohl recht gehabt hätte, der Europäische Gerichtshof für Menschenrechte *ist* in Strasbourg, und er hat trotzdem sein Heim darauf verwettet. Er sagt: »Sieh's als eine Entschädigung nach einer Scheidung«, ob ich »etwa ein schlechtes Gewissen« habe, oder was, und außerdem: »Hast du was anderes vor?«

DANN WAR DA noch die Antwort von Lukas. Ich musste nach jedem Satz innehalten und durchatmen.

Ich lese sie schon zum achten Mal und finde immer noch keinen Angriffspunkt. Er schert sich keine Spur um die Regel, dass eine Nachricht nicht länger als ein Daumen sein soll.

Sie beginnt so:

Fängst du jetzt an, in Caps Lock zu schreiben? Du erfindest dich ständig neu ;)

Danach macht er sich brutalst ans Werk: *Ja, ich kenne die Theorien, dass tatsächlich Mileva Marić hinter der Relativitätstheorie stecken soll.*

ODER ZUMINDEST, *dass sie das Paper darüber zusammen geschrieben haben. Dass sie eine geniale Mathematikerin war. Dass Einstein oft* wir *und* unser *in seinen Briefen schrieb, wenn es um die Arbeit ging. Und dann gibt es die unausweichliche Information von dem sowjetischen Physiker Abraham Joffe, dass Einstein drei seiner wichtigsten Artikel mit Einstein-Mariti unterschrieb – die schweizerische Version des Namen Marić. All das gehört zu den Beweisen feministischer Historiker, die die These aufstellen, er sei ein Manipulator gewesen, sie ein großes, wissenschaftliches Hirn. Ich meine mich zu erinnern, dass auch die schwedische Comiczeichnerin Liv Strømqist in ihren Büchern eine große Nummer daraus gemacht hat. Und ja, eine Selbstverständlichkeit, dass er ihr das Preisgeld überlassen hat, wie du schreibst. Vielleicht eine Selbstverständlichkeit, wenn man diese Indizien in Betracht zieht. Keinem von uns ist wohl fremd, dass genialen Frauen durch die Geschichte hinweg zu wenig Aufmerksamkeit zuteilwurde. Und nicht zu vergessen: Selbst wenn eine Frau hinter großen Werken wie* Das Kapital *oder* Die Odyssee *oder* Hamlet *gestanden hätte – was ziemlich unwahrscheinlich ist, wenn man bedenkt, dass Frauen (der Oberklasse) der Schulbesuch, die finanziellen Mittel und die Schreibstuben, die ihren männlichen Zeitgenossen zustanden, verwehrt wurden (ist das nicht Virgina Woolfs Punkt in ihren*

Auslegungen über Shakespeares fiktive Schwester in Ein Zimmer für sich allein?*) – jedenfalls: Selbst wenn sie das Hirn hinter diesen großen Werken gewesen wäre, wäre sie mit ziemlicher Wahrscheinlichkeit trotzdem von den patriarchalischen Vorstellungen über die Welt zum Schweigen gebracht worden. Ich stimme also deiner Andeutung, dass die Wissenschaftsgeschichte von geschlechtlicher Zensur geprägt ist, zu. Wie viele Leute wissen eigentlich, dass Emilie du Chatelet die Infrarotstrahlung voraussagte und nicht nur Voltaires Geliebte war? Trotzdem bleiben mir, was Mileva Marić betrifft, meine Zweifel. Ich hab mich ein wenig durch die Quellen dieser Behauptungen geblättert. Hab natürlich nicht so viel überprüfen können, aber ein paar relevante Einwände gefunden. Zum Beispiel, dass Marić 1900 durchs Examen gefallen ist, und zwar wegen ihrer Zensuren in Mathematik – was Zweifel an ihrer Genialität sät. Außerdem wurde angeführt, dass Albert Einstein in der »Ich«-Form über seine konkrete Forschung schrieb, und »wir« nur bei allgemeinen Aussagen benutzte. Und was Joffes Bemerkung zur doppelten Einstein-Mariti-Unterschrift betrifft: Ich habe die Originalquelle, den Nekrolog auf Einstein, nicht finden können, aber mir die Übersetzung von Alberto Martinez (Professor an der University of Texas) angesehen, woraus hervorgeht, dass Joffe über diese drei Artikel eigentlich Folgendes schrieb: »[t]heir author – unknown until that time, a bureaucrat at the Patent Office in Bern, Einstein-Marity (Marity – the last name of his wife, which by Swiss custom is added to the last name of the husband)«. Nichts darüber, dass zwei Verfasser hinter den Werken standen. Ich weiß selbstverständlich wenig über die Schweizer Gepflogenheiten bei der Namensgebung um die Jahrhundertwende, und es kann gut* *sein, dass Joffe auch diese Passage durch seine Macho-Brille gesehen hat, aber man kommt trotzdem nicht daran vorbei, dass die Hauptquelle der Marić-Fürsprecher deren Interpretation, die Unterschrift solle Marićs Anteil an der Relativitätstheorie bestätigen, gar nicht teilt. Auch in Marićs Briefen ist kein Hinweis darauf zu finden, dass ihr ein Teil der Ehre gebührt. Wenn ich richtig verstanden habe, erwähnt sie an keiner Stelle ihren Beitrag an diesem wissenschaftlichen Durchbruch, weder im Beisein von Freundinnen oder Familienmitgliedern oder in der Korrespondenz mit Einstein selbst (stimmt: John & Dollie! Da haben wir zusammen drin gelesen!). Ein Fall weiblicher Aufopferung, sagst du jetzt vielleicht? Möglich. Aber, tja. So wie ich das sehe, ist doch die viel interessantere Frage, wie diese dünne Theorie überhaupt zustande gekommen ist und wie sie aus (vermute ich) ganz anderen Beweggründen geschürt wird. Seit ich deine Nachricht bekommen habe, denke ich darüber nach, ob der Grund sein könnte, dass die Feministen den Drang verspüren, die Geschichte umzuschreiben, was ich – versteh mich nicht falsch – durchaus nachvollziehen kann. Ja, grundsätzlich feier ich dieses Ansinnen zu hundert Prozent. Genau aus dem Grunde, dass es uns näher an die Wahrheit heranführen wird, in diesem geschichtlichen Prozess: Opfer verdienen Schadensersatz und Urheberinnen ihre Anerkennung und Vergewaltiger ein Urteil. Wenn diese Agenda jedoch mit der tatsächlichen, wirklichkeitskorrespondierenden Wahrheit in den Clinch kommt, werde ich skeptisch. Wenn wir dahin kommen, dass die feministische Erzählung, inwiefern Frauen benachteiligt wurden, Vorrang kriegt vor Quellenkritik und der sorgfältigen Arbeit, die die Geschichtsforschung nun mal ist. Wenn ihr bei jeder Behauptung von Diskriminierung blind aufjault, stellt ihr euch doch selbst ein Bein, meinst du nicht? Genau wie ein Schriftsteller mit hinkenden Metaphern solltet auch ihr eure Darlings killen, oder? Wie übersetzt man das eigentlich? »Töte deine Lieblinge?« Klingt makaber. Wenn man es jedoch nicht tut, wäre das eine Sünde, in der ursprünglichen Wortbedeutung (aus dem Hebräischen: »sein Ziel verfehlen«).*

(Diesen Satz lese ich zweimal, bevor ich weiterlese.)

(Ich hab übrigens einen Linguistenfreund angerufen, um diese Referenz zu überprüfen, und er sagte: »Das ist falsch! Das Wort Sünde geht zurück bis zu der indoeuropäischen Wurzel Hles-, was so viel bedeutet wie sein, und sich von da weiterentwickelte zu wahr sein – und hat nichts mit Hebräisch zu tun!«). Was ich noch sagen will: Als ich mich noch weiter in dieses Thema vergrub, erwischte es mich wie aus heiterem Himmel. Ich musste einsehen, dass ich selbst von meiner Annahme geblendet war, die Theorie über die zum Schweigen gebrachte Mileva habe ihren Ursprung in der feministischen Gerüchteküche. Es ist nicht undenkbar, dass sie aus der antisemitischen Ecke kommt. Irgendein Netztroll kommt zu dem Schluss, das Marić wegen »jewish supremacist propaganda« ignoriert wurde. Ein dritter Verdächtiger ist der serbische Nationalismus. Ich bin über Desanka Trbuhović-Gjurić gestolpert, die 1933 Marićs erste Biografie verfasst hat. Sie legt die Beweise in anekdotischem und pseudodokumentarischem Stil vor und folgert, dass »wir jedes Recht haben, stolz zu sein« auf Mileva Marić (die aus dem serbischen Teil Österreich-Ungarns stammte), die »zu unserem [serbischen] Volk gehört«. Ich weiß nicht so viel über diese Biografin, aber es wäre nicht das erste Mal, dass das

ziemlich beliebige Leben eines Individuums für vorrangig politische Projekte missbraucht und verdreht wurde. Ich hoffe, dass dir oder mir so etwas nie passieren wird, obwohl es in unserer Korrespondenz bestimmt genug Material gäbe, das man aus dem Zusammenhang reißen und zu chauvinistischen Zwecken benutzen könnte. Einstein war selbst ein Opfer dessen, als die Israelis ihm in den 50ern das Präsidentenamt angeboten haben. Ist wohl auch für sie besser, dass er abgelehnt hat. Hätte er das Angebot angenommen, hätte er seine Stellung sicher dazu benutzt, Dinge zu äußern, die bei den Zionisten auf Missfallen gestoßen wären. À la seine unter den Tisch gekehrte Rede, die er 1938 in New York gehalten hat: »I should much rather see reasonable agreement with the Arabs on the basis of living together in peace than the creation of a Jewish state« (hier der Link zum Guardian-Artikel). Immerhin bezeichnete er Nationalismus als Masern der Menschheit, also eine Kinderkrankheit. Aber sowohl die Zionisten als auch die Antizionisten wollen ihn für sich beanspruchen, hier muss man also vorsichtig sein. Ich bin übrigens gerade auf dem Weg nach Wien. Da wohnte er für ein paar Jahre mit seiner Frau, Dollie ;). Ich soll auf irgendeinem komischen Festival sprechen. Viel los bei mir diesen Sommer. Hoffe, du hast Spaß. Wir hören uns. L ;-*

WAS FÜR EIN NERD.

UND DOCH SPÜRE ich die Anziehung: Ich sehe auf der Karte auf meinem Handy, dass Österreich auf dem Weg zum Balkan zwischen Tschechien und Slowenien eingeklemmt liegt. Ich überlege. Soll ich auf dem Weg zum Fundbüro am Athener Flughafen einen Stopp in Wien einlegen? Das würde bedeuten, ich müsste Kika unterwegs irgendwo rausschmeißen. Auch das überlege ich.

KIKA SETZT SICH auf den Beifahrersitz, schmeißt das Rocky-Mountains-Heft nach hinten und sagt: »Warte nur, bis du endlich deine Kontaktlinsen zurückhast und wieder klar sehen kannst.« Sie scheint mir mit allem, was sie tut, auf die Nerven gehen zu wollen. Ihre Anwesenheit reicht schon, ihr Geschnatter, der Zigarettenqualm, P4 aus den Lautsprechern, dass sie feststellt: »Bis Athen sind es 3.500 Kilometer. Das schaffen wir locker in fünf Tagen.« Wir werden uns immer nah am Erdboden halten, keine Flugzeuge diesmal. Sie besteht auf einer Übernachtung in Kopenhagen, um dann die Fähre von Gedser nach Rostock zu nehmen, und von da aus sind es nur zwei, drei Stunden bis Berlin, wo wir bei Michael, einem ehemaligen Kommilitonen aus ihrem unsäglichen Brüsseljahr crashen können, der auf unsere Mail mit »Hallo! Hier herrscht Chaos, die arbeiten in meiner Wohnung, die ist voll dreckig, ich finde nichts mehr, fremde Ukrainer wecken mich morgens um sieben, und mein Computer ist kaputt, und einen Job finde ich auch nicht, nur Mini-Jobs für 450 € im Monat, aber ihr seid herzlich willkommen!« antwortet. Danach auf direktem Wege durch Tschechien, Rast in Bratislava oder Budapest oder Belgrad, je nachdem, wie viele Stunden am Stück wir aushalten. Sie ist GPS-Beauftragte. Ich checke den Winkel am Seitenspiegel. Schalte in den ersten, dreh den Schlüssel um, Kupplung runter, Bremse loslassen, rauf aufs Gas, und das Wohnmobil hüpft und hoppst und stoppt, und ich muss es noch mal starten, bevor wir den Parkplatz am See verlassen. Den Tvetenveien runter, auf die E6, immer den Zugvögeln nach. Weg vom Winter, der sich schon ankündigt. Ich erzähle Kika, dass es einen Vogel gibt, der Raubwürger heißt. Ich weiß es von Milo, und das lässt meine Gedanken zu Snowdon schweifen, bevor sie wieder zu Milo wandern, und wir wechseln die Spur Richtung Göteborg, vorbei am Freizeitpark, an der Troika, am Gejohle, und ich denke, ich hätte von Anfang an ehrlich sein müssen. Hätte sagen müssen: Ich mag Drinks mit Chili, Chili oder Vanille. Ich hätte es schon auf den Stufen über dem Falafelladen in Kreuzberg sagen sollen, und als ich Kika davon erzähle, vorbei an Feldern, an Erdbeerverkäufern am Straßenrand, sagt sie nur »hm«, wartet, pafft einen Moment vor sich hin, bevor sie mir von ihrer aktuellsten Theorie erzählt, während wir die schwedische Grenze überqueren. Dass es zwei Arten von Orgasmen gibt. Sie nennt sie Chili-Orgasmen und Wasabi-Orgasmen. Sie redet bis zu der Ausschilderung Lysekil darüber: Von Chili wird einem nach und nach immer wärmer, während die Intensität zunimmt und man lange auf dem höchsten Level bleibt, bevor es beinahe unmerklich abklingt. Wenn man Wasabi auf die Zunge kriegt, hat man eine unmittelbar krasse Intensität, wie eine Explosion aus dem Nichts. Sie überwältigt deinen Körper, ist jedoch genauso schnell wieder vorbei. Bei Kungälv sagt Kika: »Von Chili muss man niesen, und Niesen ist wie ein Achtelorgasmus.« Das hat sie im *National Geographic* gelesen, als sie irgendwann vor 15 Jahren in dem Gelben Haus am Carl Berners Platz saß. Sie niest. Ich sage: Brexit. Und ich sage, dass wir ein Business gründen sollten, bei dem wir gegen Bezahlung die Geschlechtsteile von Frauen analysieren, ihnen erklären, welche Stellung am besten zu ihnen passt, worauf sie achten müssen, je nachdem wo ihre Klitoris sitzt, wie viele Zentimeter daneben sich ihr G-Punkt befindet, der ja gar kein Punkt ist, ne? Eher ein ausgedehntes Gebiet? Und all das gehört ja wohl zur Klitoris, die sich in drei Gewebeschichten bis zum Bauch ausbreitet? Gemeinsam verfluchen wir den Fakt, dass wir eigentlich kaum Ahnung von unserer eigenen Anatomie haben. Ganz zu schweigen davon, dass wir unser ganzes Leben lang verarscht wurden: »Es gibt keinen Grund, die Pille nur an 21 Tagen im Monat zu nehmen«, beschwert sich Kika. Helsingborg. »Nur um dann eine Woche lang zu bluten?« Landskrona. »Die Natur im Takt halten, sagen die?« Sie drückt auf den Fensterheber, streckt den Kopf heraus und schreit einem vorbeifahrenden Cabriolet »was ist denn daran natürlich, sich mit Hormonen vollzustopfen?« entgegen. »Außerdem: Was sollen wir schon mit der Natur?«, fährt sie an mich gerichtet fort, und ich lasse Milo an der Schranke hinter Malmö für mich sprechen: »Sie ist gnadenlos.« Kika kann nur zustimmen. Sie raucht aus dem Fenster heraus, als wir über die Øresundbrücke fahren. Dreht »Always on My Mind« von den Pet Shop Boys lauter, dirigiert den Synthesizer und ruft »*viel geiler* als das Original«, sodass es alle Gedanken übertönt, die mir jetzt kommen könnten.

Im Laufe dieser Tour werde ich vierunddreißig Jahre

alt, und es ist schon in Ordnung, dass dieses wundersame Jahr vorbei ist. Saldo: 32 402 Kronen. Das reicht für Benzin und Artischockenherzen aus der Dose, und als ich das letzte Mal im Internet nachgeguckt habe, wollten sie keine Taxe für die Benutzung der Strände in Montenegro. Ich sehe lange weiße Sandstrände vor mir. Ich sehe Panoramaaussichten, 360°, und ich sehne mich nach dem Moment, in dem wir Sjælland erreichen. Sehne mich nach der Fährfahrt, dass wir endlich anlegen. Ich sehne mich nach Bäumen und Feldern und Felsen und Backsteinhäusern, die am Seitenspiegel vorbeirauschen. Nach vier Meter breiten Fahrbahnen, nach der Straße, die offen vor mir liegt, nach einem Hirn, das loslässt, nach meinem Laptop und meinen Kontaktlinsen und Schlaftabletten, die wirken, und nach einer Haltung wie bei einer Ballerina, nach Gedanken, die versiegen, und Problemen, die von neuen abgelöst werden. Nach einem Leben in CAPS LOCK. Größer, als ich mir vorstellen kann. Und ein Schild, das anzeigt: Ende der Geschwindigkeitsbegrenzung. Fahr, so schnell du willst.

Das Buch

Die 33-jährige Hedda, Journalistin in Oslo, hat eine Lebenskrise: Ihr wird gekündigt, und ihre Langzeitaffäre (und heimliche große Liebe) Lukas macht Schluss mit ihr. Sie wählt die große Geste und bricht zu einer Irrfahrt quer durch Europa auf, die mit einem Fast-Flugzeugabsturz über Sarajewo beginnt und mit einem One-Night-Stand mit dem Aussteiger Milo in Berlin endet. Zurück in Oslo stellt sie fest, dass sie ungewollt schwanger ist. Sie ist sich sicher, dass sie das Kind nicht behalten und eine schnelle Abtreibung möchte. Doch gar so einfach macht man es ihr nicht, denn der Arzt eröffnet ihr, dass sie zunächst eine mehrtägige Bedenkzeit einhalten muss. Und diese bringt Hedda ins Grübeln. Lotta Elstad gelingt ein ungewöhnlicher, sehr unaufgeregter, sehr heutiger Blick auf einen wichtigen Aspekt weiblicher Selbstbestimmung, und sie schafft eine toughe, unabhängige Protagonistin mit bissigem Humor, der unsere Sympathien jederzeit sicher sind.

»Unterhaltsam und politisch zugleich, mit Verve und Sinn für Timing erzählt«   *Dagsavisen*

Foto der Autorin © Oda Berby

Die Autorin
Lotta Elstad, Jahrgang 1982, arbeitet als Autorin, Journalistin, Historikerin, Lektorin. Sie hat diverse Romane und Sachbücher auf Norwegisch veröffentlicht. »Mittwoch also« ist ihr erstes Buch, das auf Deutsch erscheint.

Die Übersetzerin
Karoline Hippe, aufgewachsen an der Ostseeküste, studierte in Leipzig und Berlin und lebt zurzeit in Oslo. Dort trinkt sie grünen Tee im Hinterzimmer eines kleinen Buchladens und übersetzt aus dem Norwegischen, Dänischen und Englischen.

Der Verlag dankt NORLA, Norwegian Literature Abroad,
für die großzügige Übersetzungsförderung

Verlag Kiepenheuer & Witsch, FSC® N001512

1. Auflage 2019
Titel der Originalausgabe: Jeg nekter å tenke
© CAPPELEN DAMM AS 2017
All rights reserved
Aus dem Norwegischen von Karoline Hippe
© 2019, Verlag Kiepenheuer & Witsch, Köln
Alle Rechte vorbehalten. Kein Teil des Werkes darf in irgendeiner
Form (durch Fotografie, Mikrofilm oder ein anderes Verfahren)
ohne schriftliche Genehmigung des Verlages reproduziert
oder unter Verwendung elektronischer Systeme verarbeitet,
vervielfältigt oder verbreitet werden.
Umschlaggestaltung: FAVORITBUERO, München
Foto der Autorin © Oda Berby
S. 236: Auszug aus: Lena Andersson, Widerrechtliche Inbesitznahme
© 2015 Luchterhand Literaturverlag, München, in der
Verlagsgruppe Random House GmbH; Übersetzung: Gabriele Haefs
Gesetzt aus der Arno Pro und DIN Condensed
Satz: Buch-Werkstatt GmbH, Bad Aibling
Druck und Bindung: CPI books GmbH, Leck
ISBN 978-3-462-05203-9